AF359003

LES BRANCHES DE BERRI

DE LA

MAISON DE MAULÉON

LES BRANCHES DE BERRI

DE LA

MAISON DE MAULÉON

(Branches de Mazières et de Beaupré)

PAR

Henri de MAZIÈRES

Avocat à la Cour d'appel de Paris,
Membre libre de la Société des Antiquaires du Centre.

(Extrait de la *Revue Archéologique du Berry*, tome VII.)

CHATEAUROUX
A. MELLOTTÉE, IMPRIMEUR
ÉDITEUR
2, rue Gutenberg

PARIS
A. PICARD ET FILS, ÉDITEURS
LIBRAIRES DE LA SOCIÉTÉ DE L'ÉCOLE DES CHARTES
82, rue Bonaparte

1901

Il a été tiré à part, de cette notice, 120 exemplaires, tous numérotés
et paraphés.

N°s 1 à 20, sur papier de Hollande.

N°s 21 à 120, sur papier ordinaire.

N° **12**

LES BRANCHES DE BERRI

DE

LA MAISON DE MAULÉON

(Branches de Mazières et de Beaupré.)

La maison de *Mauléon* était l'une des plus considérables de la Gascogne féodale, où elle possédait la vicomté de Soule et la baronnie de Barousse. Elle s'est divisée en un grand

nombre de branches dans le Midi, en Gascogne, Navarre, Foix et Languedoc, dont deux subsistent encore.

Un membre de cette maison, passé à la fin du XIᵉ siècle en Poitou, est devenu la souche des Mauléon-Fontenay, éteints au XIIIᵉ siècle dans la maison de Thouars, après avoir donné naissance aux Mauléon de Mazières, en Berri, subsistants, et aux Mauléon-Touffou, en Poitou, éteints en 1519 dans la maison de Chasteigner ; les Mauléon de La Roche-Amenon, en Touraine, nés de ces derniers, ont subsisté jusqu'au XVIIIᵉ siècle.

Un cadet gascon, passé au XVIe siècle en Lorraine, a été la tige des comtes de Mauléon de La Bastide, éteints deux cents ans plus tard.

Aucun travail d'ensemble n'a été fait sur cette maison (1). Saint Allais (2) ne donne que la filiation de pères en fils de MM. de Mauléon-Saint-Sauvy, en remontant jusqu'aux origines, et même plus haut (3), et en négligeant toutes les autres branches, tant aînées que cadettes. M. de Jaurgain a consacré aux origines des Mauléon tout un chapitre de sa *Vasconie* (4). M. de La Fontenelle a donné une biographie de Savary de Mauléon (5). Bélisaire Ledain a fait un essai intéressant sur les Mauléon-Fontenay (6). Le docteur Atgier les a étudiés en tant que sires de Ré (7). La généalogie de Charles, enfin (8), est assez complète pour les Mauléon lorrains.

Les dossiers du cabinet des titres, à la Bibliothèque nationale, les Archives nationales, la Bibliothèque de la Rochelle, etc., fournissent une ample moisson de manuscrits.

Cette maison a fourni un grand nombre de personnages distingués, un chevalier du Saint-Esprit, trois évêques, des abbés, des chevaliers de Malte, des officiers, etc., mais le plus illustre de tous est certainement Savary de Mauléon (1175-1229), sénéchal de Poitou et de Gascogne, amiral héréditaire de Poitou, troubadour à ses heures, et surtout grand capitaine qui, pendant trente années, lors des luttes entre les Capétiens et les Plantagenets, décida de la victoire en jetant tour à tour son épée dans l'un et l'autre plateau de la balance, et conserva ainsi à la féodalité aquitaine la plus grande somme d'indépendance.

(1) Il rentre dans les intentions de l'auteur de combler cette lacune.

(2) *Nobiliaire Universel de France*, tome II, p. 99 seq. de la réimpression Bach-Defl.

(3) V. dans le *Manuel de Diplomatique* de GIRY, p. 884 et 885, une appréciation sur la charte d'Alaon qui résume bien le débat.

(4) *Étude historique et critique sur les origines du royaume de Navarre et du duché de Gascogne*, Pau, 1897.

(5) *Revue Anglo-Française*, 1843, p. 300 et seq.

(6) *Savary de Mauléon et le Poitou à son époque*, in-8°, Saint-Maixent, 1892, 58 p.

(7) *Les sires de Mauléon, de Ré*, 2° édition, Angers, 1898, gd in 8°, 40 p.

(8) *Généalogie de la maison de Mauléon*..... rédigée par le sieur CHARLES, héraut d'armes de Lorraine, Nancy, Thomas, s. d. (entre 1703 et 1716), 56 p. in-f°.

Nous ne nous occuperons ici que des branches de la maison de Mauléon passées en Berri, branches de Mazières et de Beaupré (1).

CHAPITRE PREMIER

BRANCHE DE MAZIÈRES

SEIGNEURS DE MAZIÈRES, DE MONTLEVRIER, DES VARENNES, DE CHAMBON, DE BALZESME, DE LA CAILLAUDIÈRE, DES BORDES, DE VILLENEUVE, DE BOISVILLIERS, DU BUISSON, DE CUSSON, DES LIONÈTES, DE LA BLINIÈRE, DE MONT-CORBIN, ET DE LA PETITE VILLENEUVE, *en Berri et en Berri blésois* ; DE BERNEUIL, *en Marche* ; ET DE LA POTERONNE, *en Orléanais.*

§ 1er. — *Considérations préliminaires.*

SOURCES. — On sait que sous la Révolution la loi du 14 août 1792 prescrivit la destruction des monuments rappelant la féodalité, et que celles des 17 juillet et 20 octobre 1793 ordonnèrent le brûlement de tous les titres concernant des droits féodaux. Un arrêté du 13 prairial an II chargea les archivistes de fouiller les archives privées pour en retirer tous les actes, même ne concernant pas les droits féodaux, qui seraient en assez bon état pour servir à la fabrication des gargousses de l'artillerie. Cet arrêté fut suivi de près d'une loi du 7 messidor an II (25 juin 1794), ordonnant l'anéantissement des titres féodaux non encore détruits.

Avec un pareil régime les archives publiques et privées furent presque anéanties, celles de la famille de Mazières subirent le sort général et furent pillées et brûlées au château du Buisson (2). D'autre part les registres de l'immense recherche de la noblesse, ordonnée en 1666, et à propos de laquelle

(1) L'ouvrage prévu p. 6, n. 1, comprendra, fondus avec le texte, les *addenda* et *corrigenda* à la présente notice.

(2) V. à ce sujet la lettre de Louis-Florentin de Mazières au ministre de la guerre, Versailles, 15 juillet 1814.

la famille de Mazières fut maintenue en son ancienne extraction, ont été brûlés à Paris, sur la place Vendôme, le 19 juin 1792 (1), en vertu de la loi des 12-16 mai 1792, par le peuple parisien enthousiaste de la suppression progressive de la féodalité (2), et sous la présidence des autorités municipales.

Seules quelques preuves de la noblesse de Berri, égarées alors, et dont Clérambault déplorait déjà la perte, ont échappé au grand autodafé. L'une d'elles m'a beaucoup servi pour le chapitre II de cette étude.

Heureusement quelques autres titres ont pu être préservés, les manuscrits des d'Hozier, les notes prises par Clérambault et Chérin leur qualité de juges d'armes, subsistent encore et forment à la Bibliothèque nationale la portion principale du Cabinet des titres, au département des Manuscrits.

Les états civils existent aussi, au moins à partir de 1660 (malheureusement non sans lacunes), ainsi qu'un grand nombre de minutes notariales. A l'aide de ces débris quelques érudits se sont efforcés de reconstituer le passé, et je dois en tête de cette généalogie déposer un hommage respectueux et reconnaissant à la mémoire du comte Ferdinand de Maussabré, érudit consciencieux s'il en fut, qui a passé soixante années de sa vie à la composition d'un ouvrage monumental sur *le Berry féodal*. Il a bien voulu nous en communiquer quelques pages en fournissant à mon père, il y a dix ans, deux siècles de filiation qui sont le point de départ de cette étude.

Il me faut aussi remercier MM. les archivistes et bibliothécaires des Archives nationales, de la Bibliothèque nationale et des Archives du ministère de la Guerre, M. Robert, greffier du tribunal civil de Châteauroux, le comte Léopold de Bony de Lavergne, l'abbé de Barral, M. Cuissard, bibliothécaire de la ville d'Orléans, M. de Vorys, mon cousin Marc de Mazières, l'abbé Bourdy, curé de Baudres, M. de Boismarmin, le comte de Toulgoët, M. Fleury Vindry, etc., et je me dois surtout de ne pas oublier M. Eugène Hubert, archiviste du dé-

---

(1) *Cabinet Historique*, 1870, p. 10. — LÉOPOLD DELISLE, *Le cabinet des Mss de la Bibliothèque nationale*, II, p. 24. — *Intermédiaire des chercheurs*, XLII, 326.

(2) Lois du 4 août 1789, 15-28 mars 1790, 13-20 avril 1791, etc.

partement de l'Indre, pour ses très aimables communications, et pour l'hospitalité qu'il m'accorde dans la *Revue* qu'il dirige.

Un manuscrit qui m'a beaucoup servi est coté 5 dans le dossier de Mauléon, de la collection des *Dossiers Bleus,* à la Bibliothèque nationale, registre 435. Il contient une généalogie sommaire de la branche de Mazières, rédigée au XVIII° siècle au Cabinet des titres, et qui s'arrête à François, mari de Françoise de Perrouin. Pour alléger mes notes je n'indique pas au bas des pages toutes les fois qu'elle m'a servi, je la donne ici comme référence générale.

J'ai vérifié, complété et mis à jour, cette filiation au moyen de documents divers auxquels je renvoie en note, sauf lorsque j'indique la date et le lieu d'un baptême, d'un contrat de mariage, etc., renseignements qui portent en eux-mêmes leurs références. Certains actes de l'état civil et contrats indiquent des liens de parenté intéressants, autres que ceux dont il serait aujourd'hui strictement question dans l'acte.

J'ai cru intéressant de rechercher, avec un très grand soin, les armoiries portées par les familles alliées, je les ai simplement énoncées, me réservant par la suite de faire sur chacune une étude détaillée, sauf lorsque j'ai été devancé par des ouvrages très complets (1).

NOM. — Guy I⁰ʳ de Mauléon de Mazières était âgé en 1180 ; il est déjà mentionné dans une charte de cette date sous le nom abrégé de *Guido de Mazeriis.* Mais le nom de Mauléon était porté couramment par la branche et nous le trouvons encore dans une charte de 1282, citée dans les *Dossiers Bleus.*

Puis le nom de Mauléon disparut dans la pratique devant celui de Mazières. Il y a eu là une substitution du nom de la seigneurie au nom d'estoc, comme on en trouve des milliers d'exemple dans la première moitié du moyen âge, et même à une époque plus récente comme nous le verrons plus loin.

---

(1) *Généalogie de Beauvilliers,* par le P. ANSELME ; *Généalogie de Boislinard,* par M. DE BOISMARMIN. Les autres familles ont plus ou moins été traitées, mais il y a beaucoup à redire aux notes et généalogies anciennes, publiées souvent trop hâtivement, même en ce qui concerne la maison de La Chastre.

Au XIVe siècle le surnom de *Bouffart* manqua devenir héréditaire dans la famille, puisque non seulement le P. Anselme cite Raoulin et Guillaume, dits *Bouffart*, seigneurs de Mazières, mais il donne ce surnom à Marguerite, fille de Guillaume, et presque tous les historiens de la maison de La Chastre en font autant.

Au XVIIIe siècle, et par suite de la possession prolongée de Chambon, le nom « de Chambon » a failli se substituer à celui de « de Mazières » ; en effet, non seulement ces deux noms sont généralement accolés, mais dans le corps d'un acte de l'état civil de Balzesme, 9 avril 1787, nous voyons que Louis, Marc, Louis, Sulpice, Claude, Sylvain et Madeleine *de Chambon* assistent à l'enterrement de leur mère : il n'y a pas là une simple ellipse devant un nom de fief, mais bien une tendance patronymique, puisque seulement deux des frères possédaient le titre de seigneur de Chambon. Il est vrai que les frères et sœur, en signant, rétablissent leur nom patronymique supprimé dans l'acte lui-même (1).

Sylvain de Mazières, seigneur de Villeneuve, et sa femme morts à Levroux sous Louis-Philippe, n'étaient usuellement appelés que M. et Mme de Chambon, et de leur fille, après son mariage, on dit jusqu'à sa mort : « C'était une demoiselle de Chambon. » Une partie des descendants de Louis-Sulpice, seigneur de Chambon, porte encore le nom de Chambon, conjointement à celui de Mazières.

Durant l'époque révolutionnaire un grand nombre d'actes ont été mal orthographiés, soit en réunissant la particule au mot de Mazières, soit en la supprimant tout à fait. C'est là un fait général du reste, caractéristique du « style élégant de l'époque (2), » mais qui s'est prolongé ici souvent assez tard.

ETYMOLOGIE. — Mazières vient du latin *Maceriæ*, « mu-

---

(1) A cet acte figure encore cette signature « de Mazières de Langé ». Il s'agit là de Rose de Mazières, veuve de Louis de Constantin, baron de Langé, présente quoique non citée dans l'énumération ci-dessus.

(2) Comme l'a spirituellement dit M. CHÉNON, *Histoire de Sainte-Sévère*, I, p.291, *cuique reddo suum.*

railles en pierres sèches » (1). Du Cange donne cette défini-
tion « *Maceriæ dicuntur longi parietes* (2) », d'après
Joannes de Janua (3). Suivant les cas des localités ont pu porter le nom de Maceria ou celui de Maceriæ, mais la seconde
forme est de beaucoup la plus fréquente. Elle a donné Mazères
dans le Sud-Ouest, et, par transposition de l'*i* dans la syllabe
accentuée, Mazières dans le Centre-Sud et l'Ouest, Mézières
dans le Nord, et Maizières dans les dialectes lorrain et bour-
guignon (4).

Les localités portant ces noms remontent au moins à l'époque
romaine, car si *Maceria* a donné un substantif il a été à peu
près inusité et est tombé très vite en désuétude. Nous en ren-
controns pourtant quelques exemples, dans le sens de muraille, sens indiqué par Godefroy (5).

> Baissa sei, si se mist arière,
> Si se traist endreit la masière.
> (Wace, *Rou*, édition Andresen, 3ᵉ partie, vers 2057.)

> Rompent le fondement qui soustient les masières
> Et traient par engien les quarraus et les pierres.
> (*Roum. d'Alix*, édit. Michelant, fᵒ 35ª.)

> A donc s'en vont souef par le moustier,
> Lès la masière se prennent à mucier
> Les pilier qui fu de liois chier.
> (*Auberi le Bourguignon*, édit. Tarbé, p. 118.)

Godefroy, qui a fouillé tout ce qu'il y avait à fouiller, concernant notre ancien langage, n'en a trouvé que deux spéci-
mens au XVᵉ siècle, tous les deux dans le sens cristallisé loca-
lement de maison noble.

---

(1) JOANNE, *Dictionnaire géographique de la France*, in-fᵒ, tome IV.

(2) *Glossarium mediæ et infimæ latinitatis*, édition de l'Institut, in-4ᵒ, tome IV,
Paris 1845.

(3) *Summa seu Catholicon*, incunable de Mayence, 1460.

(4) En ce qui nous concerne la forme normale et habituelle est Mazières, nous
avons toutefois trouvé une fois Mazères (*Arch. Nat.*, aveu de 1366), une fois Maizières (1641), deux fois Mézières (1654 et 1784), et enfin, une fois Masiers (1749).

(5) *Dictionnaire de l'ancienne langue française*, in-4ᵒ, tome V, Paris 1888, p. 95
seq.

1º « Item Bertrand de Chastillon en la paroisse de Crequeville, pour une maisière et vergier assis audit lieu de Crequeville (1). »

2º « Quand on fait feu aux masières, le roi a droit à neuf gros de bourgeoisie (2).»

BERCEAU. — *Le château de Mazières.* La famille de Mazières tire son nom du château de Mazières, paroisse de Tendu. Il s'élève dans la partie sud-ouest du Berri, sur la lisière des dernières ramifications des collines de la Marche, dans la vallée de la Bouzanne, rivière de 81 kilomètres, qui se jette dans la Creuse deux lieues plus bas, un peu au nord d'Argenton. Le château se trouve à cent mètres de la rive gauche de la rivière ; de l'autre côté la vallée est fermée par des collines boisées.

L'étymologie indique qu'avant l'époque romaine il y avait là un lieu fortifié. Les conquérants apprécièrent le charme de cette position solitaire un peu au-dessus de la rivière, et y construisirent une somptueuse villa ; des restes importants d'un aqueduc ont été retrouvés dans les jardins du château (3), ainsi qu'un bassin circulaire, des dalles de marbre, des briques, des fûts de colonnes, des tuiles romaines élégamment dessinées. Il est donc certain qu'un établissement romain existait à cette même place, et l'on sait que la voie romaine de Bourges à Poitiers passait à 500 mètres de là.

Le plan d'ensemble du château date du XIIᵉ siècle, mais le donjon seul remonte à cette époque, le reste a été reconstruit au XIVᵉ siècle, et le corps principal de logis, sauf sa tour, sous Henri IV. L'enceinte défendue par des remparts flanqués de sept tours, formait un rectangle allongé, divisé inégalement par une muraille fortifiée laissant un carré parfait du côté de l'Orient.

La cour du Levant était occupée en son milieu par un imposant donjon du XIIᵉ siècle, haut de six étages et couronné de mâchicoulis. L'escalier conduisant au sommet est creusé dans

(1) 1407, *Registre de la taxe des francs-fiefs*, fº 63, apud Le Clerc de Douy, t. II, fº 29, verso (Arch. Loiret).

(2) 1486, *Terrier du Roi*, Archives municipales d'Avallon, II, 1. La forme Masières est exceptionnelle dans cette région.

(3) DE LA TRAMBLAIS, DE LA VILLEGILLE ET DE VORYS, *Esquisses pittoresques sur le département de l'Indre*, Châteauroux, 2ᵉ édition, 1882, p. 214-16.

le mur, qui a six pieds d'épaisseur. Au-dessous du 1ᵉʳ étage, auquel on accédait par un second pont-levis, particulier du donjon, se trouvent des celliers voûtés, entrées de plusieurs souterrains.

La grande cour était coupée par le Corps de Logis ; il se composait d'un grand bâtiment, flanqué d'une tour, de tourelles et de deux ailes. La tour du Logis, l'aile orientale, et l'une des tours du pont-levis avaient des mâchicoulis appliqués de ci, de là, à une grande hauteur, mais non avec symétrie, au haut des murs, comme généralement. C'est une particularité assez rare, dont il semble n'exister d'autres exemples qu'au château de Saint-Vidal, en Auvergne (1), et sur une tour de Celon, à quatorze kilomètres de Mazières.

La tour Notre-Dame, située au Sud-Ouest, en bordure des remparts, forme le chœur de la chapelle, décorée des portraits peints en pied de dix dames du XVIᵉ siècle, couronnes en tête, et leurs missels à la main.

La tour carrée, située au Sud, du côté de la ferme, a dû tomber en ruines d'assez bonne heure ; elle est aujourd'hui tronquée au-dessus du premier étage. Elle n'est déjà plus mentionnée dans un dénombrement de Claude de Montjouan en 1629, qui décrit ainsi le château lui-même, en faisant aveu de « la Tour forte et chastel de Mazières, située sur la rivière » de Bouzanne, paroisse de Tendu, avec les basses-cours de » ladite Tour et chastel, une grande et belle terrasse étant » au-devant l'entrée dudit chastel, auquel y a pont-levis et » portal, y a deux petites tours ; en oultre deux aultres petites » tours. Et quand à la Tour forte, est enfermée séparément » dudit chastel d'une grande basse-cour tout à l'entour, avec » deux aultres petites tours ; laquelle Tour et chastel sont en- » vironnés de beaux et grands fossés. (*Arch. nat.*, P. 780). »

A une époque indéterminée les plafonds et les planchers du donjon se sont effondrés, laissant la plupart des cheminées appliquées sur les côtés aux diverses hauteurs. Cet événement est postérieur à la Renaissance, car l'une des fenêtres a été

(1) *Intermédiaire des chercheurs et curieux,* 1900, tome XLII, col. 824, et 1901, tome XLIII, col. 537.

refaite à cette époque. Maintenant la ronce et l'églantier sauvage en couronnent le faîte, et un gigantesque pied de lierre grimpe sur l'un des flancs du donjon, jusqu'au sommet.

Tel était l'état du château sous la Révolution, à l'époque de sa vente comme bien national, et encore au milieu du XIX* siècle. A cette époque l'on a démoli une des ailes du Logis, et la moitié des murs d'enceinte, en respectant les tours. Trois de celles-ci, enfin, ont été démolies en août 1900. Il est vrai que la chapelle a été restaurée avec goût.

L'une des plus belles cheminées du château a été donnée par M. Bernard, il y a cinquante ans, au musée de Châteauroux, où elle est l'un des principaux ornements de l'Hôtel de Ville. Elle date de 1520 à 1530 environ, et porte les blasons de Mazières et de Brillac, encadrant celui de Montjouan, brochant sur les insignes posés en sautoir de la charge d'André de Montjouan. Le Corps du Logis du château conserve encore deux de ses cheminées seigneuriales.

FOLK-LORE. — Chaque pays possédait ses traditions, mais la civilisation qui uniformise tout fait disparaître ces vieux récits qui se transmettaient de génération en génération. Ils n'étaient pourtant dépourvus ni de grandeur, ni de poésie, tout en étant construits sur un fond historique. M. de La Tramblais (1) nous rapporte que de son temps (1847), l'on se souvenait encore des luttes implacables des seigneurs de Mazières et de Prunget, et l'on racontait que, dans l'une de ces guerres, l'un des seigneurs parvint un jour à surprendre son voisin, et à le retenir prisonnier jusqu'à ce qu'il l'eut fait souscrire aux conditions qu'il lui imposa.

L'on rapportait également « que jadis un jeune seigneur de La Chaise, vivement épris des charmes de la fille du seigneur de Mazières, la demanda en mariage. Le vieux châtelain ne voulant pas répondre par un refus formel, de peur d'irriter un voisin entreprenant, mit à son consentement des conditions dont il avait jugé l'accomplissement impossible : « J'exige de » vous trois choses, lui dit-il,... la troisième, celle à laquelle

(1) *Op. cit.*, p. 209, 212 et 213.

» je tiens autant qu'aux deux autres, c'est que vous m'ame-
» niez dans les fossés de mon château de Mazières l'eau de
» votre fontaine de La Chaise. » Quelque impraticable que
parût cette dernière entreprise, le jeune chevalier s'ingénia
si bien que les claires eaux de sa fontaine vinrent baigner les
tours du vieux manoir. Le sire de Mazières ne put retirer sa
parole, et la noble et gente demoiselle récompensa de sa main
l'industrieuse persévérance de son poursuivant. »

Tels sont ces récits que la tradition a conservés vivaces, et
qui demeurent les seuls débris de la « petite chronique » historique de la châtellenie ; l'époque où ces faits se passaient,
celui des guerres privées, nous reporte à une époque où les
documents historiques sont peu nombreux et fort brefs. Nous
enregistrons donc ces traditions sans pouvoir y ajouter de dé-
tails circonstanciés.

CHATELLENIE DE MAZIÈRES (1). — 1° *Limites* (2). D'après
un aveu en 1629, la seigneurie prise en elle-même était ainsi
limitée « Borne auprès de la rivière de Bousène, du cousté de
» Mazières, près du molin, ainsi que tend et va un sentier,
» lequel passe par le village de la Tillerie, et du cousté dudit
» Mazières comme ledit sentier va frapper au chemin de ladite
» Roche, par lequel l'on va à Prungey, va tout droit à la
» combe aux Bodes, et delà au carroir de la maison Estienne
» Saleron et tout le droit chemin de la voye aux Barres en
» allant jusqu'au droit du pré Séguineau, là où se despart l'eau
» dudit seigneur de Prungey, et celle qui appartient audit
» seigneur de Mazières, et au dessoubz dudit chemin à ve-

---

(1) Pour l'histoire de Mazières, rédigée principalement d'après les aveux et dé-
nombrements, nous renvoyons une fois pour toutes aux *Archives Nationales* (ce qui
reste du chartrier de Châteauroux, série P., vol. 774 et seq.) — Aux *Archives de
l'Indre* (inventaire assez complet de ce chartrier). — V. aussi in *Bulletin du Musée
de Châteauroux*, 1896, p. 218, un art. de M. EUG. HUBERT.

(2) La *Tour de Lesgue,* aujourd'hui disparue, constituait un fief distinct de Mazières, bien que certains seigneurs aient possédé en même temps ces deux terres,
grâce aux mariages nombreux entre leurs possesseurs. V. notamment aux *Arch.
nat.*, P. 804, aveu par André de Montjouan, 21 juin 1533 : 3° « Item advoue tenir
ledist chevalier de madiste dame (de Châteauroux) en rière fief le lieu noble de
la Tour de Lesgue avec ses appartenances et dépendances. »

» nir d'icelluy chemin jusques à la rivière de Bousanne ».

Pour résumer ce langage un peu obscur nous pouvons nous servir d'un autre aveu du XVII° siècle, qui dit que « ladite » justice est limitée par le gué de Limage, le chemin de Ma. » zières à Argenton près des Sallerons, ledit village laissé à » main droite, le village des Rollets, le chemin des Thibauds, » le ruisseau des Ferreilles et le moulin de la Roche ». Elle comprenait en conséquence le sud de la paroisse de Tendu et le nord-ouest de celle de Mosnay ; en outre les seigneurs de Mazières avaient des droits étendus sur Bordesoule, paroisse de Saint-Marcel, et sur Villemarin, paroisse de Mosnay.

2° *Prérogatives féodales.* Mazières était l'une (1) des 64 châtellenies (2) relevant de la principauté de Déols, baronnie-duché de Châteauroux. La terre de La Chaise, paroisse de Mosnay, en relevait, ainsi qu'on le voit par l'aveu de 1282, mais cet état de choses cessa, puisqu'au XVIII° siècle La Chaise relevait directement, en simple fief, de Châteauroux. Toutefois Mazières avait conservé les droits de moulin, de vivier et de pêche dans la Bouzanne, sur la seigneurie de La Chaise.

Le seigneur de Mazières possédait :

1° Un droit de suite sur ses hommes et femmes, dans les châtellenies de Prunget, Argenton et Châteauroux, limitrophes, les deux dernières fort étendues ;

2° Des droits de mezure de blé et de vin, de poids et d'aulnage. En 1407 Guy de Brillac, seigneur de Prunget, se plaignit que le seigneur de Mazières avait « usé de mesures tant de blé que de vin, aussi des aulnes et poiz » et avait baillé, aux gens de Mazières des mesures autres que celles de Prunget. Il fut décidé par sentence arbitrale de 1408, rendue à Argenton par Pierre de Choulon, conseiller du roi, lieutenant général du bailliage de Saint-Pierre-le-Moûtier, que le seigneur de Mazières conserverait son droit de mesure, mais

---

(1) La Thaumassière, *Histoire du Berry*, Bourges, 1691, in-f°, p. 566.

(2) Les châtellenies avaient certains droits de prééminence sur les autres seigneuries, particulièrement aux points de vue religieux, judiciaire et militaire (hiérarchie lors de la convocation du ban, de l'arrière-ban, assises féodales, etc.) Leur souveraineté était à peu près complète.

que lesdites mesures seraient identiques à celles de Prunget ;

3° Un droit de vivier et pêche dans la rivière de Bouzanne, sur une longueur d'une lieue et demie, depuis le gué de Limage (appelé quelquefois gué de la Fontaine de Mazières) en aval, jusqu'au-dessous de la roue du moulin du Broutet, en amont ;

4° Des droits de fuye, colombier et garenne, droit de chasse à chiens et à faucons en la garenne de Prunget ;

5° Droits de four banal et de moulin banal, où les « manans subjects » étaient obligés de cuire et de faire moudre. Le four banal existe encore. Le moulin banal, situé sur un canal formant une île au sud de la Bouzanne, subsiste, mais ne fonctionne plus.

Il y avait en outre, dans l'étendue de la seigneurie, un autre moulin, appelé le moulin de la Roche ou petit moulin, qui n'existe plus, et un moulin à drap, appelé très anciennement le *Mollin Neu*, puis le Moulin à Foulon (1), aujourd'hui hameau dans un site ravissant entre la rivière et la route de Mazières à La Chaise ;

6° Les droits seigneuriaux courants : dîme, terrage, charnage, regain et seconde coupe, etc., tant dans le ressort de la justice qu'en dehors (droits de cens dans les seigneuries de Bordesoule et de Villemarin, moitié des avenages de Prunget, etc.) ;

7° Une multitude de droits particuliers dont on peut voir le détail aux *Archives nationales*, série P, registre 799, aveux reliés XXIX et XXX ; par exemple : les habitants du village des Roullets, qui dépendait de la seigneurie, devaient par mois (2) un jour de corvée avec un bœuf et une chevrette ; ceux qui n'avaient pas de bœuf devaient deux journées de travail ; lesdits habitants pouvaient se racheter moyennant une somme fixée en 1619 à vingt sous par mois, somme considérable pour l'époque, etc.

---

(1) Cassini appelle *Moulin de Mazières* le Moulin à Foulon, c'était en effet le plus important de la seigneurie, mais non le plus essentiel.

(2) Les habitants de Mazières même devaient une journée de corvée par semaine *et par feu*, mais ils avaient la liberté de donner une journée à bœuf ou une journée à bras.

3° *Droits de justice*. Les seigneurs de Mazières avaient droits de justice haute, moyenne et basse, et de faire tenir tous plaids ordinaires, grandes et petites assises féodales, le droit de nommer tous officiers de justice seigneuriale : juge, greffier, procureur, notaire, sergent de robe longue, et d'avoir fourches patibulaires (1) à trois piliers.

En 1407, quand le seigneur de Prunget se plaignit du seigneur de Mazières à propos du droit de mesure, il prétendit « avoir droit de haute, moyenne et basse justice tant au lieu et village de Mazières comme ailleurs ». Il se plaignait de ce que sa justice avait été troublée par son voisin de Mazières, qui avait fait « bouter en prison, fait sceller plusieurs huys, fait faire exploits de justice ».

La sentence arbitrale maintint le seigneur de Mazières en possession de son droit, avec appel à Prunget. Mais cet appel cessa vite d'être pratiqué, et aucun des aveux postérieurs n'en porte mention, Mazières conservait sa pleine justice relevant directement de la cour du seigneur de Châteauroux. Dans le dernier état du droit l'appel était déféré au présidial de Bourges (2).

4° *Prérogatives religieuses*. Les seigneurs de Mazières, fondateurs de l'église paroissiale de Tendu, étaient seigneurs du chœur de ladite église. Néanmoins les seigneurs de Prunget, dont nous avons déjà vu l'ambition turbulente, cherchèrent querelle aux seigneurs de Mazières au sujet des droits honorifiques dans l'église de Tendu, surtout à la fin de l'ancien régime (3). Voici toutefois ce que possédaient encore les seigneurs de Mazières en 1686 :

Droit de fondation et de patronage en l'église de Tendu, droit de ceinture funèbre, de sépulture dans l'église, de banc seigneurial placé dans le chœur, depuis l'allée centrale jusqu'au mur, du côté gauche « là où se dit le premier évangile » c'est-à-dire à la place d'honneur, à la droite du prêtre tourné vers les fidèles.

---

(1) Gibet.
(2) *Inventaire des Archives de l'Indre*, série A, introduction p. LXVI.
(3) V. Hubert, art. cité.

Les autres droits, qui ne sont pas énumérés ci-dessus, sont secondaires, et implicitement compris dans le droit de fondation : pas à l'encens, à l'offrande, à l'eau bénite, au pain bénit et à la procession. En définitive les prétentions de Prunget n'avaient encore été que vaines.

5° *Mouvance.* La châtellenie de Mazières relevait directement des princes de Déols, barons, puis comtes et ducs de Châteauroux. Tous les aveux que nous possédons, et qui s'espacent entre 1380 et 1686, sont formels en ce sens.

Les aveux rendus à Châteauroux par les seigneurs de Prunget (1366-1675) prétendent généralement au contraire que Mazières relevait d'eux en plein fief, et seulement en arrière-fief de Châteauroux.

Ces deux prétentions paraissent inconciliables et l'une devait être erronée. Laquelle? La situation peut d'abord avoir varié, toutefois nous n'hésitons pas à affirmer l'indépendance féodale respective de Mazières et de Prunget. L'on connaît la légende en vertu de laquelle un seigneur aurait fait souscrire l'autre aux conditions imposées par son bon plaisir ; l'histoire n'a pas osé décider entre l'un ou l'autre (1). En tous cas : 1° si Prunget avait des prétentions sur Mazières, seuls des actes émanés des seigneurs de Prunget nous le disent ; et 2° si le suzerain jouissait de servitudes sur les biens de son vassal, l'inverse n'était pas vrai : or, autrefois, à une époque où le droit de chasse était jalousement conservé, le seigneur de Mazières avait droit de chasse dans les bois de Prunget, et ceci est certain de l'aveu même des seigneurs de Prunget, notamment de Guyart de Brilhac, en 1366. Ne serait-ce pas là une condition vexatoire insérée dans un traité de paix par un vainqueur tout-puissant? Telle fut la situation respective de Mazières et de Prunget, mais certains actes passés par des membres des maisons de Laigue et de Montjouan, lors de leur possession concomitante de Prunget et de Mazières, en firent décider autrement. Déjà un arrêt du parlement de Paris, du 9 mai 1629 (2), décidait que Mazières relevait en partie de Prunget. Un procès

(1) *Revue du Berry*, 1896, p. 28, début de la note.
(2) Eug. Hubert, art. cité.

s'ensuivit alors entre le seigneur de Prunget et celui de Châteauroux, et fut définitivement tranché en faveur du premier, par arrêt du conseil du roi, 10 mars 1751 (1). Les droits de Prunget ne devaient pas être bien clairs, pour que le procès ait duré plus de 120 ans.

6° *Histoire de la seigneurie.* Guy de Mauléon, qui vivait à la fin du XII⁰ siècle, est le premier seigneur dont l'histoire ait conservé le nom. Nous verrons plus loin comment les familles de Laigue et de Montjouan acquérirent la propriété. La possession de cette dernière maison fut interrompue, on ne sait à la suite de quels événements, au milieu du XVI⁰ siècle : le 14 novembre 1563, en effet, le comte de Châteauroux reçut l'hommage d'Etienne Tuchieurs (2), d'une famille de noblesse de cloche.

La seigneurie revint vite à la maison de Montjouan, au moins avant 1614. Le 15 avril 1640 Léon du Rieux (3), seigneur de Villepreaulx, et Louise de Montjouan sa femme, vendent quelques terres démembrées de Mazières à Jean de la Faire (4), seigneur de Vauzelles. Celui-ci acheta la châtellenie elle-même le 21 août 1641 et en rendit hommage à Châteauroux le 3 octobre suivant (5). Elle resta dans la même famille jusqu'à la révolution, époque où elle fut saisie, puis vendue comme bien national à Sylvain Château, le 24 messidor an IV. Ses descendants, Château et Bernard-Château, demeurèrent possesseurs du château et de la portion centrale du domaine jusqu'en juillet 1899. Le reste avait été très divisé par des héritages successifs.

AUTRES SEIGNEURIES. — Nous ne voulons pas nous étendre aussi longuement sur les autres seigneuries, nous réservant de faire l'histoire féodale de la paroisse de Balzesme, nous allons simplement indiquer la mouvance et les familles

---

(1) EUG. HUBERT, art. cité.

(2) Berri : *De gueules à une étoile d'or en abîme, accompagnée de trois coquilles d'argent, 2 et 1, et au chef cousu d'azur à une aigle naissante d'or.*

(3) Limousin et Berri : *d'azur au sautoir d'or.*

(4) Berri : *De gueules à la bande d'argent.*

(5) Voir aussi *Cabinet d'Hozier*, 134, f° 1.

qui les ont possédées pour quelques-unes ; les autres seront simplement localisées en notes.

1° *Chambon*. Ce fief, situé dans la paroisse de Balzesme, entre Levroux et Valençay, relevait en dernier lieu de Balzesme, et possédait haute justice et un moulin banal, le Moulin-Bataille. Il appartenait au Berri blésois, pour employer l'heureuse expression dont se sert Bernier pour désigner les fiefs de Berri qui mouvaient féodalement de Blois (1).

Le lieu est très ancien, puisque nous trouvons qu'en 1152 l'abbé et le chapitre de Saint-Sylvain de Levroux firent donation aux moines de Chézal-Benoît, d'une pièce de terre sise près le bourg de Chambon (2).

En 1453 s'y fixa une famille de gentilshommes écossais au service de la France, la famille de Gray (3). En 1535 un mariage le fit passer dans la maison de Mazières, et il y resta pendant plus de trois siècles. On a vu plus haut (§ *Nom*) l'effet de cette possession prolongée. L'ancien château a été démoli vers le milieu du XIXᵉ siècle, il est encore cité en 1839. Quatre tours d'enceinte furent alors conservées ; une seule subsiste aujourd'hui, la tour du Nord, accolée à des dépendances.

2° *Balzesme*, chef-lieu de la paroisse du même nom, en Berri blésois. Quelle est son étymologie, c'est ce qu'il serait assez difficile d'établir. Doit-elle son nom à *Balsenus*, grand propriétaire gallo-romain, demeurant à la *Cella apud Naum* (Selles-sur-Nahon, à quelques kilomètres), qui donna à Saint-Genou de quoi construire un oratoire à Saint-Pierre (4). C'est ce qui est rendu improbable par les anciennes formes : Balleresme.

Balzesme était le siège d'une chapelle, citée dès 1223 (Chapitre de Vatan), et transformée en paroisse avant 1238 (5). Placée sous l'invocation de saint Sulpice, elle relevait de la collégiale de Saint-Laurian de Vatan.

(1) Bernier, *Histoire de Blois*, Paris 1682, in-4°, p. 607.
(2) *Archives de l'Indre,* Cartulaire de Levroux, G. 110, f° 24.
(3) *Biblioth. Nat.*, Manuscrits : Pièces originales, tome 1404, dossiers Gray (2° p. 29, 3° p. 25). — *Dossiers Bleus*, tome 332, doss. G., p. 2.
(4) Veillat, *Picuses légendes du Berry*, p. 103.
(5) *Arch. de l'Indre*, cartulaire de Levroux, f° 33.

On ne connaît pas les plusieurs anciens possesseurs de cette seigneurie importante, fief codominant d'Entraigues, dont relevaient de nombreuses terres. Elle possédait droits de haute justice, moulin banal (le Moulin-Bonneau), patronage, banc seigneurial et sépulture en l'église, etc. Elle a longtemps fait partie de la terre de Chambon, appartenant à la famille de Mazières (1); son existence ne devint indépendante qu'assez tard.

La famille de Bouillé, qui ne la possédait pas en 1732 (2), ni même en 1733 (3), en était titulaire en 1740 (4). Nous la voyons en 1750 (?) et en tout cas en 1770 entre les mains des Le Prestre (5) d'une ancienne famille orléanaise (6). Ils la possédaient encore, non seulement en 1780 (7), mais en 1781, époque où ils la vendirent aux Godeau de la Houssaye (8). En 1789 le comte de la Houssaye en était seigneur (9).

Il ne reste rien du château de Balzesme, et la vieille église elle-même, où une cinquantaine de membres de la maison de Mazières avaient été baptisés, une douzaine mariés et une quarantaine enterrés, n'existe plus depuis 1835. La cure demeure encore, ainsi qu'une chapelle sans intérêt.

3° *Le Buisson*. Ce fief (paroisse de Saint-Florentin de Vatan) possession de la famille de Jeufosse, appartenait comme les deux précédents au Berri blésois, et relevait de Vatan. M. de Jeufosse, seigneur du Buisson, ayant été arrêté à propos de saunage, Vincent du Puy, seigneur de Vatan, son suzerain, protesta contre cette arrestation et raison ne lui étant pas donnée il se souleva avec tous ses vassaux, quatre-vingts seigneurs, contre l'autorité royale, le 2 octobre 1611. Pour le sou-

---

(1) *Bibl. Nat.*, Mss., Pièces orig., t. 1907, p. 3 ; états civils, etc.

(2) Balzesme appartenait alors aux de Mazières (état civil de Balzesme).

(3) et (4) BEAULIEUX, *Notice géographique et historique sur la commune de Vicq-sur-Nahon*, in. *Revue du Centre*, et tirage à part, Châteauroux, 1893, p. 296.

(5) BEAULIEUX, p. 199.

(6) *D'azur au chevron d'or accompagné de 3 trèfles de même et surmonté d'un croissant d'argent.*

(7) *Rev. du Berry*, 1895, p. 200.

(8) BEAULIEUX, *op. cit.*, p. 296.

(9) LA ROQUE ET BARTHÉLEMY, *catal. des électeurs de la noblesse en 1789*, bailliage de Blois. Mss.,dudit bailliage, à la Bibliothèque de Blois.

mettre et s'emparer de Vatan il fallut envoyer le maréchal de La Chastre et le comte de Cheverny, gouverneurs du Berri et du Blaisois, avec 1200 hommes d'infanterie, une compagnie de Suisses et six canons. Certains auteurs parlent même de deux compagnies de chevau-légers. Après un siège Vatan ouvrit ses portes, puis le pont-levis du château fut abaissé, 14 décembre (1).

Nous ne savons pas exactement à quelle époque le Buisson cessa d'appartenir à la famille de Jeufosse. En 1696 il était à Charles de Françoys, seigneur du Buisson, de Beauvais et de Vilenne. A sa mort cette terre demeura à sa veuve, Anne-Angélique de Thiville ; celle-ci, en se remariant (contrat Issoudun, 21 avril 1708), l'apporta à Louis Lejay de Bretagne, seigneur de Roy, et en partie de Bretagne. Cette union resta sans enfant et le mari hérita de sa femme. Il se remaria (contrat Valençay, 13 novembre 1710), à Marguerite de Baillou ; c'est de cette alliance que naquit Marguerite-Ursule, par l'intermédiaire de laquelle cette terre entra en possession de la maison de Mazières, 14 juillet 1744.

Du château du Buisson, outre des bâtiments sans intérêt archéologique, et les jardins, il reste une grosse tour, dite du Colombier, et qui remonte au XVe siècle.

ARMOIRIES. — Les armes originaires de la maison de Mauléon sont « *de gueules au lion d'or* ». Les branches cadettes se servirent de brisures dont nous nous occuperons ailleurs (2). La branche de Fontenay, en Poitou, suivant un procédé ancien, inversa les émaux (3), et la branche de Mazières, en sur-brisant de la même manière, en revint aux couleurs primitives.

Il est assez intéressant de remarquer que l'abbaye de la Trinité de Mauléon, en Poitou, avait dérivé ses armoiries se-

(1) V. le récit de cette insurrection in DUPLEIX, *Hist. de Louis XIII*, p. 30. — MATHIEU, *Hist. de Louis XIII*, p. 25. — *Mém. de Pontchartrain*, édit. Michaud, p. 318. — RAYNAL, *Hist. du Berry*, IV, p. 241 seq. — DE LA TRAMBLAIS, *op. cit.*, p. 54 seq.

(2) V. p. 6, note 1.

(3) Musée du Palais de Versailles, grande salle des Croisades.

lon un procédé analogue, et portait « de gueules au lion passant d'or (1) ».

Au début du XVIᵉ siècle, pendant quelque temps, la famille de Mazières reprit (2) momentanément les armes de Mauléon-Fontenay, avec une brisure plus simple et relativement plus moderne : « *d'or au lion de gueules, accompagné de deux roses de même en chef* ». Mais elle revint vite à « *de gueules au lion d'or* ». Nous verrons plus loin que les armoiries de Mazières ont été présentées et enregistrées telles quelles par d'Hozier (V. *infrà*, § 2, branche aînée, art. XVI, 6°).

Ces armoiries, par leur grande simplicité de conception, dénotent leur ancienneté (3). Nous n'avons qu'une confiance relative dans les théories souvent contradictoires que les héraldistes du XIVᵉ et du XVᵉ siècle bâtirent sur la signification des couleurs et des meubles héraldiques (4). Nous croyons toutefois bon de noter que le lion est unanimement reconnu comme un signe de vaillance, et que le champ de gueules signifie « haultesse et courage » ; et ce à tel point que les enlumineurs de nos chansons de gestes et romans de chevalerie, qui attribuaient aux héros d'avant la féodalité, à Charlemagne, à Artus et à Hector, des armes héréditaires en même temps que des heaumes et des hauberts, blasonnaient « de gueules au lion d'or » le bouclier d'Achille (5).

Le cimier de la famille de Mazières est un lion issant, tenant une hache dans sa patte dextre. La devise générale de la maison est « *Malus leo meus leo* ». La branche de Mazières a comme devise propre : « *Leo non capit muscas* ». Son écu (posé pour le chef de la famille sur une ancre d'argent en pal,

(1) Dom F. Bonnard, *L'abbaye de la Sainte-Trinité de Mauléon*, Ligugé 1900, gd in.-8°, p. 5 et seq.

(2) Chapelle de Mazières, écu parti aux armes d'André de Montjouan et de sa première femme, Églantine de Mazières.

(3) Comparez les armes des ducs de Brabant *(de sable au lion d'or)* et d'Aquitaine *(de gueules au lion léopardé d'or)*, etc.

(4) Sicile, *Le Blason des couleurs*, ouvrage écrit en 1425 ; Favyn, *Le Théâtre d'honneur et de chevalerie* ; Hiérosme de Bara, *Le Blason des Armoiries*, Lyon, 1511, in-4°, etc.,etc.

(5) V. notamment à la *Bibl. Nat.*, fonds fr., ms. 782 (XIVᵉ s.) le *Roman de la Destruction de Troie*, par Benoit de Sainte-Maure, *passim*.

souvenir des dignités héréditaires de Savary de Mauléon) est généralement soutenu par deux monstres particuliers : la partie inférieure de chacun est d'un lion, et la supérieure d'un chevalier, tenant bannière.

2. — *Branche aînée, sires de Mazières, de Chambon, du Buisson et autres lieux.*

I

GUY Ier DE MAULÉON, seigneur de Mazières en Berri, dont l'alliance est inconnue historiquement, fut témoin dans une charte accordée en 1180, Guérin de Galardon étant archevêque de Bourges, par Renaud, fils du comte de Nevers, aux religieux de l'abbaye de Fontmorigny (1).

Guy, d'après les *Dossiers Bleus*, est le frère d'un Savary de Mauléon. Si l'on rapproche les dates (2) il ne peut s'agir ici que de Savary, fils de Savary Ier. En considérant l'âge qu'Hugues de Naillac, beau-père de son fils Guy II, avait en 1180, Guy Ier était relativement âgé à cette époque ; or Savary Ier de Mauléon, que nous présumons son père, est mort entre 1149, et le 26 mai 1152. Savary fils du dit, signe à des actes en 1153 et 1155, ainsi qu'Aimery, autre frère en 1153.

Guy Ier seigneur de Mazières, ne peut être frère du grand Savary de Mauléon : 1° parce que l'on sait que ce dernier n'a pas eu de frère, mais seulement deux sœurs ; 2° parce que, au reste, il n'y aurait pas concordance de dates ; le grand Savary, qui était beaucoup plus jeune que Guy Ier (étant né en 1175) était fils *aîné*, et petit-neveu de Savary Ier.

Aimery, fils de ce dernier, n'a pas eu de postérité connue. Savary, autre fils, est la tige des seigneurs de Touffou, Guy, seigneur de Mazières, était-il l'aîné ou le cadet de ce Savary? Cette question n'a pas d'importance puisque les Mauléon-

---

(1) Le texte de cette donation, qui consiste en pêcheries, se trouve dans le *Gallia Christiana*, in-f°, tome II, Instr., 68-9.

(2) Pour les dates citées ci-après voir la bibliographie de la page 6.

Touffou, et les rameaux qui en sont sortis sont également éteints, mais il nous semble que Guy devait être l'aîné, nous n'en voulons pour preuve qu'un manuscrit de la collection des Pièces originales, à la Bibliothèque nationale (1), qui intitule les branches de Mauléon issues des Mauléon-Fontenay « *famille de Berry* » et qui donne ensuite une énumération des fiefs possédés par cette *famille de Berry*, c'est-à-dire dont les chefs au moins étaient de Berry, et nous trouvons, au milieu de petites seigneuries, les terres de Touffou, de la Roche-Amenon et de Mazières.

Guy Ier, seigneur de Mazières, fut père de :

2) *Guy*, dont l'article suit.

II

GUY II DE MAULÉON, chevalier, seigneur de Mazières, qui épousa Denise de Naillac (2), fille d'Hugues, seigneur de Naillac, Gargilesse et Prunget, et de Mahaud de Fontenelles (3). Cette alliance est connue par le testament de ladite Denise.

Il fut père de :

3) 1° *Guy*, dont l'article suit.

3) 2° *Pierre*, bénédictin, cellerier de l'abbaye de Saint-Martin de Limoges, nommé abbé de son monastère en 1236, en mars, la veille de la fête de saint Grégoire. Il fit une cession à Etienne, prévôt de la Maison-Dieu des Lépreux de Limoges, et la confirma le 12 des calendes de décembre 1240. Il construisit la chapelle de Saint-Jean, aussi fut-il enterré à son entrée. Il mourut le lendemain de la Saint-Laurent, l'an 1247 (4).

III

GUY III DE MAULÉON, chevalier, seigneur de Mazières,

---

(1) Tome 2028, pièce 31.

(2) Berri : *D'azur aux deux lions passants d'or, aliàs d'argent.* Cette maison a donné Philibert de Naillac, grand-maître de l'ordre de Saint-Jean de Jérusalem de 1396 à 1421.

(3) Touraine : *De sable au lion d'or, armé et lampassé de gueules.*

(4) Voir sa notice dans le *Gallia Christiana*, II, 584. Voir aussi *Bibl. Nat.*, Gaignières, tome 183 (auj. fonds latin 17116) f° 42.

dont l'alliance est inconnue historiquement, fut père de :

4) *Augustin,* dont l'article suit.

IV

Augustin Ier de Mauléon, chevalier, seigneur de Mazières, dont l'alliance est également inconnue historiquement. Il était mort avant 1282, et fut père de :

5) *Guy,* dont l'article suit.

V

Guy IV de Mauléon, chevalier, seigneur de Mazières, reçut le jeudi d'avant la Saint-Michel 1282 aveu et dénombrement du seigneur de la Chaise, son vassal. On ignore son alliance.

Il fut père de :

6) 1° *Raoulin,* dont l'article suit.

6) 2° *Jean* de Mazières, bénédictin, moine de Déols, puis de Cluny, prieur de ce monastère, nommé le 4 mars 1333 prieur de la Charité-sur-Loire. Ce prieuré, le plus important de France, était beaucoup plus puissant que de nombreuses abbayes. Jean de Mazières mourut à Cluny, en 1335 selon les uns (1), en 1336 selon les autres (2), et fut enterré dans le cloître du dit lieu.

VI

Raoulin de Mazières, dit *Bouffart,* chevalier, seigneur de Mazières, dont l'alliance est inconnue historiquement. Son existence nous est révélée par un arbitrage de 1323 auquel il prit part, il est également cité dans le P. Anselme (3). Il fut père de :

7) *Perrot,* dit (4) *Guillaume,* dont l'article suit.

(1) *Gallia christiana,* XII, 410, et *Armorial du Nivernais,* par le Comte de Soultrait, 2e édition, Nevers, 1879, tome I, p. 77.

(2) *Mémoires pour servir à l'histoire du département de la Nièvre,* par Née de la Rochelle, Bourges, 1827, tome I, p. 337.

(3) P. Anselme, *Histoire généal. de la maison de France et des grands officiers de la couronne,* in-f°, t. IV, 706.

(4) *Arch. nat.,* P. 804, XII.

VII

GUILLAUME DE MAZIÈRES, surnommé *Guillaume-Bouf-fart*, écuyer, seigneur de Mazières et de la Poteronne, épouse (1) Jeanne de Beauvilliers (fille de Gédoin V de Beauvilliers (2), écuyer, seigneur de Binas, du Lude-en-Sologne, de la Pote-ronne et de Germigny, et de Marie d'Orléans) (3). Elle avait eu en dot 60 livres tournois de rente (4), pour portion desquelles son père lui promit la seigneurie de la Poteronne. Le ma-riage est connu par une transaction entre Jean de La Chastre, ci-après nommé, d'une part, Jean, Hervé et Hubert de Beauvil-liers, d'autre part, passée le jour des Cendres, 15 février 1368.

Guillaume mourut en 1366, sa succession fut assez longue à régler (5), sa femme vivait encore en 1367, et était déjà morte le 15 février 1368. Il fut père de :

8) 1° *Magdeleine*, qui épousa Hugues de Laigue (6), écuyer, seigneur de Chandaire, seigneur de Mazières de 1380 à 1391. Les *Dossiers Bleus* disent qu'à cette époque il y renonça, pour lui et son fils Hugues ; mais une théorie prétend qu'il n'y re-nonça qu'en partie. En tous cas son beau-frère et les descen-dants de celui-ci continuèrent à se qualifier de seigneurs de Mazières (V. l'art. suivant).

8) 2° *Marguerite* épousa (7) Jean de La Chastre (8), che-valier, seigneur de Brillebaut.

8) 3° *Olivier*, qui suit.

(1) P. ANSELME, *op. cit.*, IV, 706.

(2) ORLÉANAIS : *Fascé d'argent et de sinople de six pièces, l'argent chargé de six merlettes de gueules*, 3, 2, 1. Parmi les parentés que cette maison ducale a pro-curé à la maison de Mauléon de Mazières, notons les maisons d'Estampes, d'Illiers, de Béthune, de Laubespine, de Rochechouart, de la Roche-Aymon, de Talley-rand, de Montalembert, de Colbert, de Durfort, Radziwill, etc.

(3) Orléanais et Berri : *D'argent aux trois fasces de sinople, accompagnées de sept tourteaux de gueules*, o, 3, 3, 1.

(4) Somme considérable pour l'époque. *In travaux de la Soc. du Berry*, III, 1855-56, p. 141, M. de Maussabré rapporte que le revenu moyen d'un gentilhomme à cette époque était de 15 livres tournois, et qu'il pouvait vivre, honorablement à partir de 10 livres par an.

(5) *Arch. Nat.*, P. 804, XII.

(6) Berri : *Échiqueté d'argent et de gueules*.

(7) P. ANSELME, *op. cit.*, IV, 706.

(8) Berri : *De gueules à la croix ancrée de vair*. Maison ducale, issue des prin-

VIII

OLIVIER Ier DE MAZIÈRES, né en 1367, chevalier, seigneur de Mazières, dépouillé de son héritage par son beau-frère Hugues de Laigue, qui rendit hommage de Mazières au seigneur de Châteauroux en 1380. Dans quelles proportions Olivier reconquit-il ses anciens domaines, c'est ce qu'il est difficile d'établir. Sauf une mention, par Nadaud (1), de Guillaume Ier de Laigue comme seigneur de Mazières, indication sans références, il n'y a rien d'autre qui puisse établir la dépossession de la famille de Mazières pendant plus d'un siècle et demi (2).

Il épousa Claude de Malesset, fille de Pierre de Malesset (3), seigneur de Malesset et de Galienne de Malval (4), dame de Châtelus, et fut père de :

ces de Déols. Louise de La Châtre, descendante de Jean de La Châtre et de Marguerite de Mazières, épousa Henri, marquis de La Grange d'Arquien et en eut notamment deux filles : l'une, Marie-Casimire, devint la femme de Jean Sobieski, roi de Pologne, et compte parmi sa descendance les derniers Stuarts et les maisons de Bavière, de Saxe, de Reuss, de Rohan-Rohan, de La Rochefoucauld, de Bernis, de Bade, etc. L'autre mariée à un Béthune-Sully, suivit sa sœur en Pologne, et est l'ancêtre des Czartoriski, Lubomirski, Jablonowski, Ligne, Potocki, La Trémoille, etc.

(1) *Nobiliaire du Limousin.*

(2) Voici toutefois l'hypothèse ingénieuse qui a pu être faite : Hugues de Laigue, le gendre (ou le petit-fils ?) de Guillaume de Mazières, aurait eu un fils, Guillaume Ier, capitaine du château de Ségur, dans le sud du Limousin, cité de 1373 à 1407, lequel fut père de Guillaume II, cité de 1420 à 1434, lequel eut une fille Jeanne, femme d'Aubert de Montjouan, lequel eut un fils, Guillaume, marié en 1479, qui pourrait être le père d'André de Montjouan, qui en se mariant avec Églantine de Mazières, aurait réuni sur sa tête les deux parties de la seigneurie.

Cette thèse ne serait peut-être pas invraisemblable de prime abord, mais il est impossible de la tenir pour sûre, car : 1° ces divers personnages ne portaient pas le titre de seigneur de Mazières (sauf la mention de **Nadaud** pour un) ; 2° or cet un est Guillaume Ier de Laigue, capitaine de Ségur, qui ne prend toujours que ce dernier titre, et qui portait dans ses armes trois poissons et une étoile (sceaux de la collect. Clérambault). Appartenait-il à la famille de Laigue, *de Aqua*, citée en Berri dès le XIIe siècle, et qui portait simplement un échiqueté ? Ce seigneur limousin aurait-il possédé un autre *Macieræ* ? Car si il y a des variantes d'armoiries au moyen âge, celle-ci est un peu considérable, surtout vers 1400 ; 3° André de Montjouan était fils de Louis de Montjouan (*Carrés d'Hozier*, 449, f° 252), et ne portait pas le titre de seigneur de Mazières à une date antérieure à son mariage avec Églantine (*Carrés d'Hozier*, 449, f°ˢ 252, 253 et 254).

(3) Marche et Berri : *D'or au lion de gueules et au chef d'azur chargé de trois étoiles d'or.*

(4) Marche : *De sable au lion d'or, et à la bande de gueules brochante.*

9) 1° *Loys*, dont l'article suit.

9) 2° *Gaudictte*, qui épousa (1) son cousin Thibault de Mauléon, chevalier, seigneur de Barbazan, en Gascogne, le 10 avril
1424, Gaudiette fut l'arrière grand'mère de Géraud de Mauléon, capitaine de cent lances (2), gouverneur de Calais et pays
reconquis, créé, l'un des premiers, chevalier du Saint-Esprit,
en 1585 (3).

IX

LOUIS Ier DE MAZIÈRES, chevalier, seigneur de Mazières,
épousa en 1421 Renée de Brillac (4), sœur de Guillaume de
Brillac, seigneur d'Argy et de Prunget. Il était probablement
mort en 1443 et fut père de :

10) *Olivier*, qui suit.

X

OLIVIER II DE MAZIÈRES, chevalier, seigneur de Mazières,
épousa en 1443, Marguerite Chabot (5), fille de Loys, chevalier,
seigneur de Vaire et de Laleuf, et de Jeanne Buffeteau d'Ar-
gentières.

Il fut père de :

11) *Honoré*, dont l'article suit.

(1) *Dossiers Bleus*, 435, 10, 22, 23. *Cabinet d'Hozier*, 231, 5. Plusieurs variantes
possibles de date, notamment 10 avril 1414.

(2) Les compagnies de cent lances, ou compagnies d'ordonnance, organisées par
Charles VII, et dont il sera plusieurs fois question dans cette étude, compre-
naient en général 100 chevaliers, 400 écuyers et archers, et 100 pages, au total
600 chevaux.

(3) *Dossiers Bleus*, 435, 14. — P. ANSELME, t. IX, 3ª édition, p. 92; 4ᵉ édition, p. 100.

(4) Berri : *D'azur à trois fleurs de lis d'argent*.

(5) Cette branche poitevine portait: *D'or aux trois Chabots de gueules, brisé en
chef d'un lambel de sable*. C'est une branche cadette de la célèbre maison de
Chabot, dont les aînés sont devenus, par substitution, ducs de Rohan. Parmi les
maisons qui, comme celle de Mazières-Mauléon, ont du sang de Chabot dans les
veines, nous pouvons citer celles de La Rochefoucauld, de Saulx-Tavannes,
d'Aumont, de Berghes, de Vivonne, de Rohan, de La Chastre (branche de La
Maisonfort), de Pierre Buffière, de Maillé-La-Tour-Landry, de Lusignan, etc. La
clef de voûte d'une pièce du donjon de Mazières décrite par M. DE LA TRAMBLAIS,
op. cit., porte bien les armes de Chabot, ainsi qu'il le pensait. Il ne faut pas les
confondre avec les armes de Guillaume de Laigue, capitaine de Ségur : de..... à
trois poissons de....., accompagnés en chef d'une étoile (Sceau collect. Clérambault).

XI

Honoré Ier DE Mazières, chevalier, seigneur de Mazières, épousa Suzanne de Montjouan (1). Ses armes, parties de Mazières et de Montjouan, figurent sur la cheminée de Mazières, qui est au musée de Châteauroux. André de Montjouan, qui a dû la faire construire, a rappelé également sur cette cheminée la famille de Brillac, alliance commune des deux maisons de Mazières et de Montjouan. Honoré Ier de Mazières fut père de :

12) 1° *Loys,* dont l'article suit.

12) 2° *Augustin,* dont l'article suit celui de son frère.

XII (A)

Louis II DE Mazières, chevalier, le dernier membre de la maison de Mazières portant le titre de seigneur de Mazières. Il est mort entre 1522 et 1529. Il fit les guerres d'Italie sous Charles VIII, Louis XII et François Ier. Le 30 mai 1515 il comparaît (2) comme lieutenant de la compagnie d'ordonnance dont le capitaine était Louis II de La Trémoille. On connaît le rôle considérable que cette compagnie joua, dans la bataille de Marignan, 13-14 septembre 1515, Louis de Mazières en était le véritable chef, le capitaine, La Trémoille, l'un des premiers généraux de l'époque, se tint surtout aux côtés du roi.

Louis II de Mazières n'eut qu'une fille, Églantine, qui épousa André de Montjouan (3), chevalier, grand maître d'hôtel (4) de Charles de Bourbon, duc de Bourbonnais et d'Auvergne, connétable de France. Elle en eut un fils, Aubert, né en 1523, et elle mourut peu de temps après, André se remaria (5), vers 1529, avec Antoinette de la Marche (6), dont il eut plusieurs enfants. Les *Dossiers Bleus* disent qu'Aubert de Mont-

---

(1) Berri et Poitou : *De gueules au sextefeuille d'or.*

(2) Fleury-Vindry, *Dict. de l'État-Major français au XVI° siècle.* P. et Lyon 1901, in-8°.

(3) V. plus haut, note 1.

(4) *Carrés d'Hozier,* tome 449, f°s 253 et 254.

(5)   *Id.*   f° 255 et 261.

(6) Berri : *D'argent à la bordure de gueules, et au chef de même.*

jouan mourut en 1524. Or nous voyons(1) qu'un Aubert de Montjouan acquit la seigneurie de Tendu, 1541, et était seigneur de Prunget en 1546, et aucun des enfants du second mariage d'André de Montjouan ne s'appelait Aubert (2).

XII (B)

AUGUSTIN II DE MAZIÈRES, chevalier, seigneur de Montlevrier, paroisse d'Argy, puis des Varennes, paroisses de Gehée et Balzesme. Il épousa en 1502 Marie-Thérèse de Razay (3). Au procès-verbal de la rédaction de la coutume du Pays et Comté de Blois, 11 avril 1523, le dit seigneur des Varennes comparaît dans l'ordre de la noblesse, représenté par François Pasteau, son procureur (4). Il fut père de :

13) 1° *Honoré*, dont l'article suit.

13) 2° *Jean*, chevalier; c'est lui le Jean de Mazières qui figure comme guidon dans la compagnie d'ordonnance de *Galiot* (Jacques de Gourdon de Genouillac), du 31 juillet 1527 au 11 octobre 1533 (5) (guerres d'Italie). Il existait encore en 1534.

XIII

HONORÉ II DE MAZIÈRES, chevalier, seigneur de Montlevrier, des Varennes, et de Chambon. Il épousa en 1534 Antoinette de Gray, fille de Pierre de Gray (6), écuyer, seigneur de Chambon-Balzesme et de Chambon-en-Touraine, et de Magdeleine de Menou (7). Il était mort en 1576, et même probablement en 1550 et avait été père de :

14) 1° *Augustin*, dont l'article suit.

---

(1) *Chartrier de Prunget.*

(2) *Carrés d'Hozier*, 449, f° 255 : « Antoinette de La Marche, veuve d'André de Montjouan, est mère de Charles, Louis, Marguerite, Philibert et Catherine, tous mineurs, 1545. »

(3) Marche et Berri : *De gueules, aux trois pals d'argent, et au chef d'or.*

(4) *Coutumes de Blois*, édition Pontanus, Paris, 1677, in-f°, 4ᵉ partie (procès-verbal), p. 6.

(5) V. FLEURY-VINDRY, *op. cité* et sa seconde hypothèse douteuse.

(6) Écosse, Berri et Touraine : *De gueules, au lion d'argent, et à la bordure engrêlée de même.*

(7) Perche, Touraine et Berri : *De gueules à la bande d'or.*

14) 2° *Louis*, dont l'article suit celui de son frère.

XIV (A)

Augustin III de Mazières, écuyer, seigneur de **Chambon**. On a une procuration par lui donnée, pour un objet militaire, à Gabriel de Bellefond, 21 septembre 1576, elle est conservée en original à la Bibliothèque nationale (1).

Il prit part aux guerres de religion et fut capitaine de la compagnie de Monseigneur, frère du **roi** (le duc d'Alençon). Joseph de La Chastre, capitaine de cette compagnie d'ordonnance, eut comme successeur, en 1568 (2), Guillaume Pot de Rhodes, qui fut remplacé à son tour par Augustin de Mazières. Celui-ci est mort sans alliance connue, avant 1584, à une quarantaine d'années.

XIV (B)

Louis III de Mazières, écuyer, seigneur de Chambon, des Varennes et de La Caillaudière, paroisse de Balzesme, succéda à son frère Augustin comme chef de la famille. Nous avons déterminé qu'il était son cadet, de ce fait qu'Augustin est indiqué en 1576 comme seigneur de Chambon, et que nous ne trouvons Louis portant cette mention qu'en 1584. D'autre part Augustin en 1576 était capitaine de cent lances, charge qui implique un certain âge, et le mariage de Louis n'a lieu que cinquante ans après celui de son père. Il épousa en effet, en 1584, Marguerile de Jussac (3), fille d'Antoine de Jussac, écuyer, seigneur d'Entraigue et de Saint-Martin-de-Lamps, et d'Anne de Nouroy, et veuve de François de Lestang, écuyer, seigneur de Thinay, qu'elle avait épousé en 1570. Il fut père de :

15) *Augustin*, dont l'article suit.

---

(1) *Pièces orig.*, tome 1881, dossier de M., p. 7 (parch.) ; cette procuration, passée devant Nicolas Dupont, notaire-garde-scel de Levroux, provient des Archives de la Chambre des Comptes.

(2) *Généalogie de Pol*, par M. de La Porte, in *Les Gens de qualité en Basse-Marche*, Limoges et Poitiers 8°, 1889, 3° fasc., p. 19.

(3) Berri : *De gueules aux trois fasces ondées bouillonnantes d'argent, et au lambel d'or en chef.*

XV

Augustin IV de Mazières, écuyer, seigneur de Chambon, de Balzesme, des Varennes et de la Caillaudière ; il épousa (1), en 1609, Claude de Persil (2) de Loché, fille de Claude de Persil de Loché, écuyer, seigneur de La Hamelinière et de Loché, et de Marie Lunois de Beaujeu. Il comparaît comme parrain, dans l'état civil de Baudres, dès le 21 janvier 1604. Il fut père de :

16) 1° *François*, dont l'article suit.

16) 2° *Claude*, qui épousa, contrat à Saint-Aignan, 29 janvier 1641 (3), Gaspard de Perrouin (4), fils de Jacques de Perrouin et de Renée de Mareuil (5).

XVI

François Ier de Mazières, écuyer, seigneur de Chambon, de Balzesme, des Varennes, de la Caillaudière et de Villeneuve (6). Il assiste comme cousin, en 1640, au contrat d'Honorat de Regnard, fils de René et de Jeanne de Persil de Loché, avec Françoise de Baillou (7). Lors de la grande recherche des usurpateurs de noblesse, il déclara, le 18 janvier 1669, qu'il maintenait sa qualité d'écuyer comme étant de noble race, et qu'il produirait ses preuves (8). Il est mort entre cette date et le 23 novembre 1672. Il avait épousé vers 1635, Françoise de Perrouin (9), de la maison de Venet. (Elle vivait encore, veuve,

---

(1) *Bibl. Nat.*, *Dossiers Bleus*, 518, dossiers de Persil.

(2) Touraine : *D'hermine aux trois tourteaux d'azur.*

(3) *Bibl. Orléans*, mss du chanoine Hubert, t. V, f° 225.

(4) Orléanais et Berri : *D'argent aux trois éperviers de gueules.*

(5) Orléanais et Berri : *Échiqueté de sinople et d'argent.*

(6) Fief, paroisse de Balzesme, duquel relevait La Caillaudière, il possédait un moulin banal, le moulin de Villeneuve.

(7) Pierre Tion, not. à Menetou-sur-Nahon, et Cab. d'Hozier, 287, d. 7837, f° 6.

(8) V. le précieux manuscrit des comparutions de la noblesse de Berri, en la possession de M. de Toulgoët, qui doit prochainement le publier dans les *Mémoires de la Société des Antiquaires du Centre.*

(9) V. plus haut, note 4.

le 9 septembre 1682, dans son douaire, à la Caillaudière) (1).
De ce mariage sont nés (2) :

17) 1° *Gaspard*, dont l'article suit.

17) 2° *Louise*, qui épousa, contrat du 7 juillet 1654 (3), *Louis*
Jean de Coudreau (4), écuyer, seigneur de Boislarcher, frère
de Claude de Coudreau, seigneur de Montchenin, paroisse
de Chézelles, mari de Françoise de Poix. Ils vivaient encore
en 1682, à Sainte-Cécile, et Louise de Mazières même encore
le 9 mars 1703, date de la maintenue de ses fils Louis-Anne et
Gaspard par l'intendant d'Orléans (5).

17) 3° *René*, né en 1645, il est parrain le 28 juillet 1663 à
Balzesme, mais à partir de cette date il ne figure plus dans
cet état civil. C'est lui qui, sous-lieutenant au régiment de
Navarre, fut tué à la bataille de Senef, 11 août 1674 (6).

17) 4° *Françoise*, marraine à Balzesme le 30 décembre
1663 (7).

17) 5° *Charles*, tige du rameau de Villeneuve, rapporté au
§ 3

17) 6° Marie-*Magdeleine*, qui épousa entre 1682 et 1686,
François Bertrand du Lys-Saint-Georges (8), chevalier, seigneur du Boisrenault (fils de Louis-Balthazar, seigneur du Lys-
Saint-Georges et de Grandeffe, et de Renée de Bagnan). Ils
vivaient encore en 1700. Elle produisit alors ses armoiries
personnelles « de gueules au lion d'or », en exécution de l'édit
de 1696. Elles furent vérifiées et enregistrées (9), le 24 décembre 1700, immédiatement après celles de son mari.

(1) *Minutes de Pérussault*, not. à Saint-Gaultier.
(2) La généalogie des *Dossiers Bleus* s'arrête à ce dit François Ier, mari de Françoise de Perrouin.
(3) Voir aussi *Dossiers Bleus*, 876, doss. de Coudreau, et *Bibl. Orléans*, mss du
chanoine Hubert, tome V, f° 92.
(4) Berri : *De gueules au chevron d'or.*
(5) *Bibl. Nat.*, ms fr. 32583, f° 178.
(6) D'Hozier, *L'Impôt du Sang*, II, 2ᵉ partie, p. 246.
(7) J'indique, lorsque je les connais, les parrains et marraines des membres de
la famille, mais dresser la liste des nouveau-nés dont ces derniers ont été parrains serait fort long et forcément incomplet.
(8) Berri, Bourbonnais, Poitou : *Lozangé de gueules et d'hermines.*
(9) *Armorial général*, tome V (Bourges), p. 343 ; — Blasons coloriés, tome V
(Bourges), p. 304. — *Soc. Antiq. Centre* XII, 237.

XVII

GASPARD Ier DE MAZIÈRES, écuyer, seigneur de Chambon, de Balzesme (1), des Varennes et des Bordes (2). Il a dû naître en 1636. Il est témoin à un acte de l'état civil de Vic-sur-Nahon, dès le 15 août 1656 (3). Il déclara avec son père, le 18 juin 1669, qu'il produirait ses preuves de noblesse (4); il le fit et fut maintenu ; en effet on a de lui (5) une lettre du 23 novembre 1672, adressée à M. Tubeuf, baron de Vert et de Blanzac, intendant de Bourges, dans laquelle il se qualifie d'écuyer, déclare avoir produit au greffe tous les titres de sa maison qui prouvent sa filiation, que ces titres sont·encore au greffe, qu'il en a besoin pour des procès pendants en divers lieux, et désire qu'on les lui rende. A la fin de cette lettre se trouve une note signée de M. Tubeuf, ordonnant qu'il soit fait droit à cette demande, à la condition de laisser des dits titres l'inventaire scellé. Nous avons vu plus haut (p. 7) ce qu'il est advenu et des titres de la maison de Mazières et des inventaires de titres de la noblesse de Berri.

Le fief des Bordes, était sorti de la famille en 1675, époque où il appartenait à la famille de La Cour (6). Gaspard mourut à 83 ans et fut inhumé, le 18 novembre 1719, dans le chœur de l'église de Balzesme (7).

(1) V. aussi *Bibl. Nat.*, Pièces orig., 1907, doss. de Mazières, p. 3.

(2) Fief, paroisse de Jeu-les-Bois, V. in *Bas-Berri,* tome I, par EUG. HUBERT, la notice sur Jeu.

(3) BEAULIEUX, Note cit. sur Vic, p. 169.

(4) V. le manuscrit mentionné plus haut, p. 460, note 8.

(5) *Bibl. Nat.*, Pièces orig., 190⁷, p. 3.

(6) *Bibl. Nat.*, fonds fr., ms 31791, fᵒˢ 287 et 307, et état civil de Jeu-les-Bois, 19 janvier 1675. V. aussi plus loin § VII, Anne de Mazières.

(7) Il est bien entendu que, toutes les fois que je dis baptisé à, décédé à, etc., je cite le nom de la paroisse ou commune où l'acte a été inscrit, ceci pour faciliter le contrôle. Mais cela ne préjuge pas du domicile réel des baptisés, etc., *baptisé à Balzesme* doit se traduire par *né au château de Chambon, baptisé à Balzesme* (sauf pour les enfants de Charles, seigneur de *Villeneuve*). Il en est de même pour les paroisses de Saint-Florentin (château du Buisson), de Jeu-les-Bois (château des Bordes), de Sainte-Colombe (château de Sainte-Colombe), de Ménétréols-sous-le-Landais (abbaye du Landais), etc.

Il avait épousé : 1° avant 1663, Marie de Laigue (1), fille de Claude de Laigue, écuyer, seigneur de Chandaire et de Bellevue et d'Anne Amelon de Bellevue. Elle est morte en 1693 au plus tard.

2° (2), Magdeleine de Boislinard (3), veuve de Jean de Lanet, écuyer, seigneur du dit lieu. Elle était fille de Noël de Boislinard, écuyer, seigneur de Mesle, dont la sœur avait épousé Léonard de La Trémoille (4). Ce mariage a eu lieu entre 1693 et 1698 (5) et Magdeleine de Boislinard vivait encore le 15 février 1708.

Il eut de son premier mariage :

18) 1° *François*, dont l'article suit :

18) 2° *Jean*, né le 12 août 1668, baptisé le 5 septembre suivant à Balzesme, il eut comme parrain François de Mareuil, écuyer, seigneur de Montifaut, et pour marraine Magdeleine le Bloy de La Pornerie, femme de Jean de Laigue, écuyer, seigneur de Bellevue.

18) 3° *Dominique*, baptisé à Balzesme le 13 avril 1670, il eut comme parrain messire Dominique de Jussac, écuyer, seigneur d'Entraigues.

18) 4° *Marie*, baptisée à Balzesme, le 20 octobre 1671, elle eut comme parrain Pierre Girard, écuyer, seigneur de Vasson, et comme marraine sa tante Magdeleine de Mazières. Elle demeura célébataire. C'est elle qui est signalée dans l'état civil de Vic, 11 septembre 1690 (6). Elle mourut douze jours après son père, et fut inhumée le 30 novembre 1719, dans l'église de Balzesme, près de l'autel de la Sainte Vierge (7).

---

(1) Berri : *Échiqueté d'argent et de gueules.*

(2) *Soc. des Antiq. du Centre*, XVIII, p. 182.

(3) Berri et Marche : *D'argent au vergne de sinople, et à la bordure engrêlée de gueules.*

(4) *Soc. Antiq. Centre*, XVIII, p. 180.

(5) État civil de Balzesme.

(6) Beaulieux, not. cit., p. 170.

(7) Lorsque je connais le lieu exact de la sépulture de membres de la famille, je l'indique, mais souvent l'état civil mentionne seulement « enterré dans l'église », ou même ne précise pas du tout. Jusqu'en 1732 au moins toutes les inhumations de la famille ont eu lieu dans l'église, en vertu du droit exclusif de sépulture des seigneurs suzerains de la paroisse.

18) 5° Marie-*Françoise*, baptisée à Balzesme le 21 octobre 1673, son parrain fut messire François de Perrouin, écuyer, seigneur de Venet. Elle est encore citée comme marraine à Balzesme, 19 novembre 1702.

XVIII

FRANÇOIS II DE MAZIÈRES, écuyer, seigneur de Chambon de Balzesme et des Varennes, baptisé à Jeu-les-Bois, le 5 septembre 1666, il eut comme parrain et marraine messire François du Vivier, écuyer, seigneur de la Chaume, et dame Françoise de Perrouin, épouse de messire François de Mazières, écuyer, seigneur de Chambon et autres lieux.

Capitaine dans la maison du roi en 1716, il était mort avant le 4 février 1726 (1). Il avait épousé en premières noces en 1687 ou 1688, Marie-Anne de Préville, des seigneurs de Touchenoire, qui fut inhumée dans l'église de Balzesme le 29 mai 1693.

Il se remaria non seulement dès 1704 (2), mais en 1694 (3), à Anne de Lanet (4), fille de feu Jean de Lanet, écuyer, seigneur du dit lieu, et de Magdeleine de Boislinard (5). Nous avons vu, art. XVII, que Magdeleine de Boislinard s'était remariée à Gaspard de Mazières, le père et le fils épousèrent donc la mère et la fille. Anne de Lanet mourut le 22 janvier 1732 et fut inhumée le 24 dans l'église de Balzesme.

Il eut de son premier mariage :

19) 1° Marie-*Magdeleine*, baptisée le 19 janvier 1689 à Balzesme, elle eut comme parrain messire Louis de Préville, et comme marraine Marie-Magdeleine de Mazières, femme de François Bertrand du Lys-Saint-Georges.

19) 2° *Anne*, née en juillet 1692, enterrée à Balzesme le 35 octobre 1693.

Il eut de son second mariage :

(1) *État civil* de Balzesme.
(2) *Soc. Antiq. Centre*, XVIII, p. 182 et 209.
(3) *État civil* de Balzesme.
(4) Berri et Poitou : « *De gueules au taureau d'argent, onglé et accorné d'or.* »
(5) V. *suprà*, p. 37, note 3.

19) 3° *Magdeleine,* baptisée à Balzesme, 19 juin 1695, elle eut comme parrain messire Charles de Mazières, écuyer, seigneur de Villeneuve, et pour marraine Magdeleine de Boislinard.

Elle vivait encore en mai 1732 (1).

19) 4° *Gaspard*-Louis, dont l'article suit.

19) 5° *Marie*-Magdeleine-Françoise, baptisée à Balzesme, le 16 septembre 1698, son parrain fut messire Louis-Anne de Coudreau, écuyer, seigneur de Boislarcher, et sa marraine Anne de Mareuil, femme de Claude de Lanet, écuyer, seigneur dudit lieu.

Elle fut enterrée à Balzesme, célibataire, le 8 juin 1714.

19) 6° Marie-*Angélique,* baptisée à Balzesme, le 25 février 1700, eut pour parrain messire Gaspard de Coudreau, écuyer, capitaine, coseigneur de Boislarcher, et comme marraine demoiselle Marie de Lanet.

19) 7° *Marie-Anne-Angélique,* baptisée à Balzesme, le 19 novembre 1702, son parrain étant messire Henri de Puygirault, écuyer, seigneur de Puidonetz, et sa marraine demoiselle Françoise de Mazières. Elle vivait encore le 11 août 1727 (2).

19) 8° *Françoise,* religieuse au prieuré de Notre-Dame de Longefont, de l'ordre de Fontevrault ; elle fit son testament, le 7 janvier 1747, en faveur de son frère aîné, Gaspard-Louis de Mazières, écuyer, seigneur de Chambon, à la charge par lui de remettre une certaine somme aux religieuses de Longefont (3).

19) 9°) *Jeanne,* née en 1705, décédée le 3 et inhumée le 4 janvier 1730, dans l'église de Balzesme.

19) 10° *Louis,* dont l'article suit celui de son frère.

19) 11° *François,* baptisé à Balzesme, le 15 février 1708 (parrain messire François de Mazières, et marraine Marie-Anne de Mazières, assistée de sa grand'mère Magdeleine de Boislinard). Mort jeune.

19) 12° *Anne,* baptisée à Balzesme, le 2 février 1799, par-

(1 et 2) *Etat civil de Balzesme.*
(3) Saint-Gaultier, minutes de Burat, notaire.

rain François Turmeau, curé de Balzesme, et marraine Françoise-Marguerite de Pioger. Elle mourut à huit mois et fut enterrée à Balzesme, le 6 octobre 1709.

19) 13° *François*, seigneur de Chambon en partie, baptisé à
Balzesme, le 7 octobre 1710. Son parrain fut Charles Turmeau,
écuyer, seigneur de Lépinière, et sa marraine Louise de Mareuil, femme du parrain. C'est lui qui assiste le 5 novembre
1764 à Crox, au mariage de son cousin Jacques de La Motte,
avec Anne le Bloy de la Pornerie de la Chesnerie. Il fut enterré à Balzesme, le 18 novembre 1780, célibataire.

19) 14° *Pierre*, il assiste, le 28 septembre 1749, à l'inhumation de son frère Gaspard-Louis, à Balzesme.

19) 15° Anne-*Marguerite*, baptisée à Balzesme, le 16 décembre 1715, son parrain fut son frère Gaspard-Louis, et sa
marraine Marguerite Le Vaillant de Chaudenay, fille de
Louis, écuyer, seigneur de Chaudenay.

XIX (A)

GASPARD II DE MAZIÈRES, écuyer, seigneur de Chambon
et de Boisvilliers. Il fut baptisé à Balzesme, le 10 mai 1697, et
fut tenu sur les fonts par messire Gaspard de Mazières, écuyer,
seigneur de Chambon et autres lieux, son grand-père, et par
demoiselle Jeanne de Lanet, sa tante. Il fut inhumé dans l'église de Balzesme, le 28 septembre 1749 ; il était demeuré célibataire et, à sa mort, le chef de la famille devint son frère
Louis.

XIX (B)

LOUIS IV DE MAZIÈRES, chevalier, seigneur de Chambon,
de Balzesme (jusque vers 1740), des Varennes, de Villeneuve
et du Buisson, baptisé le 31 mars 1707 à Balzesme, il eut
comme parrain messire Gaspard de Mazières, son grand-père
paternel, et pour marraine Magdeleine de Boislinard, femme
du dit Gaspard, et grand'mère maternelle. Il fut enterré à Balzesme, le 9 décembre 1760.

Il avait épousé :

1º Jeanne de Constantin de Langé (1). fille de Louis Ier de Constantin de Langé (2), écuyer, seigneur de Langé et autres lieux ; la dite Jeanne était mineure le 22 décembre 1729, date (3) où elle partagea les biens paternels avec ses frères et sœurs, elle eut pour sa part La Bardinerie (paroisse de Gehée), et le moulin du Pré (paroisse de Moulins). Elle était déjà morte le 10 août 1742 (3).

2º Une cousine de sa première femme, Marguerite-Ursule Le Jay (4) du Buisson, fille de feu Louis Le Jay de Bretagne, écuyer, seigneur du Buisson, cadet des seigneurs de Bellefond, et de Marguerite de Baillou (5), le mariage fut célébré à Balzesme, 14 juillet 1744 ; Marguerite-Ursule fut enterrée à Balzesme, le 8 avril 1787.

De ce mariage sont nés :

20) 1º Louis-*François*, né le 23 et baptisé le 24 juillet 1745, à Balzesme ; il eut comme parrain messire Louis-*François* de Jarnage, écuyer, seigneur du Breuil, et comme marraine demoiselle Magdeleine de Mazières, et mourut jeune.

20) 2º *Magdeleine*, née le 26 et baptisée le 27 août 1746, à Balzesme, son parrain fut messire Gaspard de Chambon, son oncle paternel, et sa marraine dame Magdeleine de Mazières, femme de Louis de La Motte, écuyer, seigneur de la Caillaudière, elle épousa Louis Jourdin (6), à Balzesme, le 26 novembre 1776, et mourut à Balzesme, le 13 brumaire an III.

20) 3º Jeanne-Ursule-*Rose*, baptisée à Saint-Florentin le 16 juillet 1747, parrain messire Pierre de Rolland, écuyer, seigneur de Bois de Mesne, et marraine demoiselle Rose Lejay de Bretagne. Elle épousa à Balzesme, le 15 novembre 1768, Louis II de Constantin (7), baron de Langé, dont postérité. Il la rendit veuve le 20 mars 1786, à Langé, et elle est morte à Gehée, le 23 août 1821.

(1) *Biblioth. nation.*, CHÉRIN, tome 59, d. 1249, p. 8.
(2) Berri : *Bandé d'or et d'azur, au chef d'or chargé d'une aigle éployée de sable et lampassée de gueules.*
(3 et 3) CHÉRIN, *loc. cit.*
(4) Berri et Orléanais : *De sinople aux trois fasces d'or et an lambel de même en chef.*
(5) Touraine et Berri : *D'or aux trois hures de sanglier de gueules.*
(6) Famille connue à Baudres dès 1646.
(7) Voir *suprà*, note 1.

20) 4° *Louis*, dont l'article suit.

20) 5° *Anne-Marguerite*, citée dans l'état civil de Balzesme le 16 novembre 1754 et le 5 octobre 1760.

20) 6° *Marie-Adélaïde*, baptisée à Balzesme, le 6 décembre 1750, parrain messire François de Jarnage, écuyer, fils de feu messire François de Jarnage, marraine demoiselle Marie de Guénand, fille de feu Charles de Guénand. Elle est morte le 12 mai 1752 à Saint-Florentin.

20) 7° *Marie*-Ursule, baptisée à Saint-Florentin le 18 mars 1752, parrain, messire Charles-Pierre de Boisvilliers, et marraine Marie-Ursule de Riglet, dame du Mesnil. Elle fut enterrée à Baudres le 2 août 1754, le cimetière de Balzesme étant interdit.

20) 8° *Louis, le jeune*, chevalier, seigneur des Varennes, coseigneur de Chambon, baptisé à Balzesme, le 6 avril 1753, il épousa entre 1778 et 1785, Louise Brochet de Jouvance, fille de Claude Brochet de Jouvance (1), écuyer, conseiller du roi, président du bureau des finances de la généralité de Tours et de Jeanne-Françoise de La Fond (2). Louise Brochet de Jouvance avait épousé en premières noces Louis le Bloy (3), capitaine au régiment de la Reine, chevalier de Saint-Louis, seigneur de la Pornerie, etc., enterré le 8 mars 1777 à Crox, fils de Pierre, et de Marie-Anne de Poix de Marécreux. Elle était, du fait de son premier mari, la belle-sœur de Gaspard de Coudreau, capitaine adjudant-major, chevalier de Saint-Louis, oncle à la mode de Bretagne de son second mari. Louis de Mazières et sa femme vivaient à Faverolles en 1789, et à Guilly en 1794. Sa femme est morte, veuve et sans enfants, en 1809, à Bigorne, près de Châtillon-sur-Indre.

20) 9° *Marie*, baptisée à Balzesme le 16 novembre 1754, parrain Jacques de la Mothe, écuyer, seigneur de la Caillaudière et marraine demoiselle Anne de Mazières. Elle épousa à

(1) Orléanais : *D'azur au sautoir d'or, accompagné en chef d'une étoile de même, et en pointe d'un croissant d'argent.*

(2) Touraine et Berri : *D'or au chevron de sable, accompagné en pointe d'un arbre de sinople issant de la pointe.*

(3) Berri : *D'azur au lion d'or, lampassé de gueules.*

Balzesme, le 3 février 1784, Louis-*Alexandre-Hubert* de Puygirault (1) (fils de *Henri-Hubert* de Puygirault seigneur de Puy (Vic) ; il fut (2) le chef des royalistes de Vic, Langé, Baudres et Balzesme, insurgés en 1796. Il se dirigeait vers le sud pour rejoindre les troupes de la *Vendée de Palluau*, lorsqu'il fut obligé de s'arrêter à la nouvelle de la bataille de Buzançais. Il fut néanmoins poursuivi, et mourut l'année suivante, en germinal en V (3) ; Marie de Mazières mourut à Entraigues, près Langé, le 13 octobre 1825.

20) 10° *Marc*-René, tige du rameau de Montcorbin, rapporté au § 4.

20) 11° Louis-*Sulpice*, tige de la branche dite de Chambon, rapportée au § 5 ci-après.

20) 12° *Catherine*, baptisée à Balzesme le 10 août 1758, tenue sur les fonts par messire Louis de la Motte, écuyer et demoiselle Jeanne-Rose de Mazières, sa sœur.

20) 13° *Sylvain*, écuyer, seigneur de Villeneuve, baptisé le 9 septembre 1759, parrain Sylvain de la Coux, curé de Balzesme. Il fut maire de la paroisse de Balzesme en 1790, et mourut à Levroux le 19 mai 1835. Il avait épousé, vers 1783, Anne Pénigault (4), et fut père de :

21) 1° *Sylvain*, né en 1785, décédé à Balzesme le 27 septembre 1790.

21) 2° *Anne-Julie*, née à Balzesme le 4 messidor an V, mariée au capitaine Sylvain de Lâge (5), chevalier de la Légion d'honneur, qu'elle laissa veuf le 12 août 1851.

20) 14° *Claude*-Louis-Blaise, tige de la branche des Varennes, rapportée au § 6.

(1) Poitou et Berri : *D'argent à l'aigle de sable, becquée, allumée et membrée de gueules.*

(2) BEAULIEUX, *op. cit.*, in *Rev. du Centre*, 1891, p. 560 seq. Voir aussi l'acte d'accusation de la *Vendée de Palluau*, publiée par M. HUBERT in *Rev. du Centre*, 1886.

(3) Les frères de Mazières, et par conséquent Alexandre de Puygirault, leur beau-frère, étaient cousins issus de germains avec l'un des chefs de la principale armée de *la Vendée de Palluau*, Pierre-Alexandre de Sorbiers, jugé militairement et fusillé séance tenante à Buzançais, le soir de la bataille.

(4) Berri : *De sable à l'écusson d'or*, alias *d'argent, chargé en bande d'un pin de sinople.*

(5) Berri : *D'or à la croix de gueules.*

XX

Louis V de Mazières, chevalier, seigneur du Buisson, de Cusson, des Lionètes, et, avant 1787, en partie de Chambon, baptisé à Saint-Florentin le 24 janvier 1749 son parrain fut messire François-Philippe du Mesnil, et sa marraine Marie-Ursule de Boisvilliers. Electeur de la noblesse de Blaisois, aux Etats généraux de 1789 (1), il se fit représenter par M. de Boisvilliers, seigneur de la Dixme (2), et mourut à Vatan, le 20 fructidor an X. C'est du vivant du dit Louis V que son cousin éloigné, Joseph de Mauléon Saint-Sauvy, reçut le titre de marquis de Mauléon, 1782. Louis V avait épousé *Marie-Anne* Robin de Chandor, des Robin de Lambre (3), en 1784 ou 1785.

Elle vivait encore en 1816.

De ce mariage sont nés :

21) 1° *Louis*-Charles, baptisé à Balzesme le 10 novembre 1785, mort jeune.

21) 2° *Louis*-Florentin, dont l'article suit.

Nous avons dressé les 32 quartiers de Louis V et de ses frères et sœurs, nous nous sommes arrêtés à 32, ne voulant pas faire étalage d'érudition, bien qu'en remontant à un degré de plus, nous eussions pu inscrire des noms tels que : Chauvigny, Boisé, Saint-Julien, Maussabré, etc.

(1) La Roque et Barthélemy, *Catalogue des gentilshommes aux États généraux* de 1789, P., 1841-5, 8°, fasc. de l'Orléanais, p. 14.

(2) *Bibl. de Blois;* procès-verbal manuscrit des élections sus dites.

(3) Berri et Touraine : *fascé d'or et de gueules de quatre pièces, l'or chargé de trois merlettes de sable, 2 et 1.*

François Ier de Mazières. { Augustin IV de Mazières. / Claude de Persil de Loché. }

Françoise de Perrouin. { Jacques de Perrouin. / Renée de Mareuil. }

Claude de Laigue. { Augustin de Laigue. / Suzanne de Mousseaux-Greuille. }

Anne Amelon de Bellevue. { Charles Amelon de Bellevue. / N... de Verly. }

Pierre II de Lanet. { Pierre Ier de Lanet. / Elise de Chamborant. }

Yolande de Baslon. { Pierre de Baslon. / Anne Frottier de la Messelière. }

Noël de Boislinard. { Jehan III de Boislinard. / Marie de Fadate de St-Georges. }

Marie Petit de Maupré. { Gabriel Petit de Maupré. / Magdeleine Fauconneau du Fresne. }

Jean Le Jay de Bretagne. { Esme Le Jay de Bretagne / Catherine de Grasset. }

Marie Bonnin de Lhérault. { Pierre Bonnin de Lhérault. / Marie de Boisbertrand. }

Louis de Patoufleau. { Prégent de Patoufleau. / Anne du Lys. }

Marguerite de Launay. { Jean de Launay. / Marie de Nieul. }

Louis Ier de Baillou. { Charles de Baillou. / Marie du Bois de Menetou. }

Marie de Constantin. { René Ier de Constantin. / Marie de Roches. }

Louis de Regnard. { Jean III de Regnard. / Claude de Ganivetti. }

Anne André de La Motte. { Christophe André de la Motte. / Marie de Butel. }

Gaspard de Mazières, ép. Marie de Laigue.

Jean Ier de Lanet, ép. Magdeleine de Boislinard.

Michel Le Jay de Bretagne, ép. Gabrielle de Patoufleau.

Louis II de Baillou, ép. Marguerite de Regnard.

François II de Mazières, seigneur de Chambon, etc., ép. Anne de Lanet.

Louis Le Jay de Bretagne, seigneur du Buisson, etc., ép. Marguerite de Baillou.

Louis IV de Mazières, seigneur de Chambon, du Buisson, etc., marié à Marguerite Le Jay du Buisson.

Louis V de Mazières, seigneur du Buisson et autres lieux.

LES TRENTE-DEUX QUARTIERS DE NOBLESSE de **Louis V de Mazières**, électeur de la noblesse aux Etats Généraux de 1789 et de ses frères **Sulpice et Claude de Mazières**, ces trois frères souches des trois branches existantes des Mauléon de Mazières.

XXI

Louis VI de Mazières, baptisé à Saint-Florentin le 12 septembre 1789, né de la veille, il eut pour parrain son cousin Sulpice de La Motte. Garde d'honneur en 1813 et 1814, il fit les deux campagnes de ces années. Il mourut le 13 août 1845 à Châteauroux, rue Lézerat. Il avait épousé le 13 mars 1816, à Ménétréols-sous-le-Landais, *Louise*-Claude-Nicolas-Pierre Vivier de la Perrocherie, fille d'Auguste Vivier de la Perrocherie (1), ancien député de l'Indre à la Législative (1791), ancien président de l'administration du département de l'Indre (1798-99). Louise Vivier de la Perrocherie mourut à Châteauroux, rue des Jours, le 29 août 1854.

Ils eurent comme enfants :

22) 1° *Louis-Adolphe*-Auguste, dont l'article suit.

22) 2° *Arsène*-Lucile, née le 14 mai 1821, à Sainte-Colombe. Elle se maria à André Maupetit, qui est mort en décembre 1890, à Buzançais. Ce mariage est resté sans enfants.

22) 3° Guillaume-*Alexandre*, né à Sainte-Colombe le 29 août 1823, décédé célibataire à Buzançais, le 22 avril 1858. Poète de talent, et de plus fort modeste, il a laissé notamment dix livres de *Fables*, et l'*Art de travailler et de bien faire*, en quatre chants. Profond moraliste, il développe au fond cette pensée : « Le travail est une loi morale ; l'obéissance à cette loi peut seule procurer le bonheur. »

Voir sur lui *La Lyre du Berry* (2).

22) 4° *Hippolyte*-Étienne, né à Sainte-Colombe en 1825, décédé à Levroux, le 24 novembre 1831.

22) 5° *Louise*-Artémise-Philippine, née à Sainte-Colombe le 27 mars 1828, morte enfant.

22) 6° *Héloïse*-Justine-Delphine, née à Sainte-Colombe le

---

(1) Des seigneurs de Boisray et comtes de La Chaussée, Berri : *D'azur à trois poissons d'argent, et au chef d'or, chargé de deux roses de gueules.* Les barons Deslandes, rameau des Vivier de la Perrocherie, ne portent plus ces armes, mais celles attachées par Napoléon Ier à leur titre : « *D'azur aux trois lis des jardins d'argent, accompagnés en chef d'une taupe de sinople, et en chef senestre d'un franc-quartier de gueules à la muraille d'argent.* »

(2) In-8°, Paris, 1901, 3° fascicule, p. 1 et seq.

6 septembre 1830, mariée à son cousin *Paul*-Jules de Mazières, à Châteauroux, le 26 septembre 1854 (1).

22) 7° *Gustave*-Édouard-Florentin, né à Levroux le 4 septembre 1833, décédé à Châteauroux le 19 août 1854.

XXII

Louis VII Adolphe de Mazières, né le 25 décembre 1816 à Ménétréols-sous-le-Landais, décédé le 1er avril 1880 à Buzançais. Il avait épousé, en premières noces, le 31 août 1846, à Buzançais, Magdeleine-*Louise* Ratier, décédée le 5 septembre 1856, à Buzançais, fille de Pierre Ratier (2) et d'Uranie Rabier (3) ; en secondes noces, le 13 février 1860, à Buzançais, *Aline*-Joséphine Loubatier, décédée à Buzançais le 23 février 1861 ; en troisièmes noces, le 29 septembre 1863, dans la chapelle du Mée, paroisse de Pellevoisin, *Zélie*-Julie Kuhn (4), décédée à Orléans le 7 mai 1897.

Il eut de ces mariages :

23) α 1° Blanche, née à Buzançais, 2 février 1848, mariée à Éloi Morisson.

23) α 2° *Georges*-Alcide-Adolphe, dont l'article suit.

23) β 3° André-Adolphe-*Ernest*, né le 7 novembre 1860, à Buzançais, marié à Argy, le 17 avril 1888, à Annette Broquet, de laquelle sont nés :

24) 1° *Jean*, né à Buzançais le 17 août 1894.

24) 2° *Aline*, née à Buzançais le 26 septembre 1899.

23) γ 4° *Louis*-Marie-Germain, né à Buzançais le 9 octobre 1864, marié à Tours le 25 août 1891 à *Marie*-Jeanne-Martine Gervais, décédée le 24 septembre 1900 à la Pooté (Mayenne).

De ce mariage sont nés :

(1) V. plus loin, § V, art. XXII.

(2) Berri : *D'azur au chevron d'or, accompagné de trois rats d'argent sommés chacun d'une étoile de même, les deux rats du chef contre-rampant sur le chevron.*

(3) Famille de robe, Touraine et Berri : *De gueules aux deux pals de vair, et au chef d'azur chargé de trois étoiles d'or.*

(4) Wurtemberg et Alsace : *Tranché de sable à un lion d'or, lampassé de gueules, et d'argent à la bande d'azur.*

24) 1° Marie-*Marguerite*, née le 16 juin 1892. ⎫ à Channay
24) 2° *Marie-Thérèse*, née le 6 août 1893. ⎬ (Indre-et-
24) 3° Marie-*Geneviève*, née le 16 avril 1895. ⎭ Loire).

24) 4° *Louis*-Marie-Joseph-Michel, né et décédé à Channay en 1897, 29 septembre, 8 décembre.

24) 5° *Louis*-Marie-Martin, né à Channay le 14 décembre 1898.

23) γ 5° *Marguerite*-Eudoxie, née et décédée à Buzançais (24 septembre 1867, 9 septembre 1868).

XXIII

GEORGES DE MAZIÈRES, né à Buzançais, le 27 juin 1852, marié le 30 avril 1878 à Vendœuvres-en-Brenne, à *Marie*-Colombe-Augusta Deschamps, fille d'Auguste Deschamps (1), médecin-major du 6ᵉ cuirassiers, démissionnaire en 1851, et d'Aglaé Lyonnet (2). De cette union sont nés :

24) 1° *Henri*-Georges-Louis, dont l'article suit.

24) 2° *Lucien*-Georges-Adolphe-Auguste, né à Buzançais le 6 mai 1880.

XXIV

HENRI DE MAZIÈRES, né à Buzançais le 2 février 1879.

§ 3. — *Rameau de Villeneuve*.

XVII

CHARLES DE MAZIÈRES, écuyer, seigneur de Villeneuve et de La Caillaudière, né en 1657, fils de François Iᵉʳ de Mazières, écuyer, seigneur de Chambon, Balzesme, etc. et de Françoise de Perrouin. Ayant refusé de se soumettre à l'édit de 1696, d'Hozier lui imposa comme armoiries, 18 février 1701 : *de gueules à la colombe essorante d'argent, en son bec un rameau d'or* (3), armoiries qu'il refusa, et dont le brevet existe encore

---

(1) Famille d'origine savoisienne, transplantée en Alsace au xviiᵉ siècle, et ayant fourni de nombreux officiers.

(2) Velay, Lyonnais, Ile de France : *D'argent à un dard de gueules, accompagné de deux pampres de pourpre, tigés et feuillés de sinople.*

(3) *Armorial général*, t. V (gén. de Bourges), p. 381 ; Blasons coloriés, t. V, p. 147 ; *Soc. Antiq. Centre*, XII, 150.

à la Bibliothèque Nationale, cabinet des Titres (1). Il fut inhumé dans l'église de Balzesme, le 20 août 1727.

Il avait épousé, à Nuret-le-Ferron, contrat à Saint-Gaultier 9 septembre 1682, Pérussault not., Anne de Lanet (2) fille de feu Mathieu de Lanet, écuyer, seigneur de Tussac, et de Sylvine de Boislinard (3). Ladite Anne de Lanet fut enterrée à Balzesme, le 4 décembre 1698 (4).

De cette union sont nés :

18) 1° *Françoise*, née en 1683, inhumée dans l'église de Balzesme, près des fonts baptismaux, le 17 août 1720, célibataire.

18) 2° *Anne*, baptisée le 2 octobre 1689, eut comme parrain messire Claude de Perrouin, et comme marraine demoiselle Renée de Coudreau. Elle fut enterrée dans le cimetière de Balzesme, proche de la Croix, le 2 novembre 1750, célibataire.

18) 3° *François*, dont l'article suit.

18) 4° *Marie*, figure déjà comme marraine à Balzesme le 30 janvier 1708, et fut enterrée à Balzesme le 9 juillet 1713, célibataire.

18) 5° Marie-*Magdeleine*, baptisée à Balzesme le 14 avril 1695, elle fut tenue sur les fonts par messire Claude de Lanet, écuyer, seigneur du dit lieu, et par demoiselle Marie de Lanet. Elle épousa à Balzesme, le 4 février (5) 1726, Louis (6) de La Motte-Tillou (7), écuyer, qui devint seigneur de La Caillaudière, frère de Claude de La Motte-Tillou, écuyer, seigneur de La Coëfferie, mari (8) de Louise de Maussabré, et fils de feu Louis de La Motte-Tillou, écuyer, seigneur de La Coëfferie, et de (9) Louise de Mathefelon (10). Elle fut enterrée à Balzesme, le 7 mars 1774.

(1) *Pièces originales*, t. 1907, doss. de M., p. 4.

(2) V. *suprà*, p. 38, note 4.

(3) V. *suprà*, p. 37, note 3.

(4) Dans la *généalogie de Boislinard* (*Soc. Ant. Centre*, XVIII, p. 209 et 226) Anne de Lanet est mentionnée comme existant encore le 27 avril 1707 (Mauduyt, not. à Saint-Gaultier) ; il s'agit là d'Anne de Lanet, femme de François II de Mazières.

(5) Et non le 3 mars, date indiquée in BEAULIEUX, not. cit.

(6) Les *Doss. Bleus*, 475, doss. 12751, f° 10, nomment Claude le mari de Magdeleine de M., c'est là une erreur manifeste.

(7) Berri : Cette branche porte : *D'or au chevron de gueules accompagné de trois hures de sanglier de même.*

(8) et (9) BEAULIEUX, not. cit., p. 153 seq.

(10) Berri : *De gueules à six écussons d'or.*

XVIII

FRANÇOIS DE MAZIÈRES, chevalier, seigneur de Villeneuve, né vers 1693 ; il figure à plusieurs reprises dans l'état civil de Balzesme, de 1708 à 1715, puis il quitta le pays. Officier (1) dès 1718, admis entre 1730 et 1739 dans la première compagnie des mousquetaires de la garde du Roi, porte-étendard de cette compagnie d'élite (avec équivalence du grade de capitaine) en juillet 1740, sous-brigadier de la compagnie 11 avril 1742, mis à la retraite le 30 avril 1746, il avait été créé chevalier de Saint-Louis le 2 juin 1739. Il avait plusieurs campagnes à son actif, notamment celles de Flandre en 1744-45 et en 1746. Il est mort sans postérité avant 1760, puisqu'à cette date Villeneuve avait déjà fait retour à son cousin-germain Louis IV de Mazières.

§ 4. — *Rameau de Montcorbin.*

MARC Ier DE MAZIÈRES, écuyer, seigneur de Montcorbin (2), né le 1er janvier 1756 et baptisé le 3 à Balzesme, son parrain fut Marc-René de Constantin, fils, seigneur de Langé et sa marraine demoiselle Rose de Mazières, sa sœur ; il vivait encore à Montcorbin le 13 mars 1816 (3). Les actes de l'époque révolutionnaire le désignent : le citoyen Marc Mazières, *laboureur* (4). Il avait épousé Élisabeth Bodin, à Crox, le 22 mai 1792, et fut père de :

21) 1° *Rose*-Élisabeth-Ursule, née à Crox le 12 avril 1793 ;

21) 2° *Catherine*, née à Crox, le 12 vendémiaire an III, mariée à Gehée, le 18 juin 1820, à Pierre Cloué, de la famille de l'amiral, décédée à Gehée, le 1er mars 1837 ;

---

(1) *Archives du Ministère de la Guerre*, dossier du chevalier de Mazières.

(2) Paroisse de Crox.

(3) *État civil* de Ménétréols-sous-le-Landais.

(4) Des mémoires qui seraient curieux seraient ceux d'un gentilhomme de la campagne sous la Révolution. Dans nos parages on avait peu émigré, et les naissances des enfants de Marc et de son frère Claude sont déclarées à l'état civil par des parents ou des voisins, les citoyens Mazières, la citoyenne Menou, le citoyen Bridiers et le citoyen Boislinard, et ceci souvent avec les épithètes de laboureur, de couturière ou de lingère.

21) 3° *Louis*-Marc, né en germinal an IV, décédé à Crox le 23 vendémiaire an V.

21) 4° *Marc*-Sylvain, dont l'article suit.

21) 5° *Hélène*-Sophie, née à Crox le 1ᵉʳ germinal an VII.

XXI

MARC II DE MAZIÈRES, né à Crox le 10 fructidor an V, marié à 54 ans, le 30 avril 1851, à Gehée, à Jeanne Chimbault, décédé sans postérité, à Gehée, le 17 janvier 1881.

§ 5. — *Branche de Chambon.*

Devise particulière : « *Romps mais ne plie.* »

XX

SULPICE DE MAZIÈRES, écuyer, seigneur de Chambon et la Petite Villeneuve (1) baptisé à Balzesme le 29 avril 1757, fils de Louis IV de Mazières. seigneur du Buisson, de Chambon et autres lieux, et de Marguerite-Ursule Lejay du Buisson, son parrain fut son frère aîné, Louis de Mazières et sa marraine demoiselle Anne de Rolland, fille de feu messire Charles de Rolland, écuyer, seigneur du Cormier. Il fut électeur de la noblesse de Blaisois aux États généraux de 1789 (2), il se fit représenter par le comte de la Houssaye, seigneur d'Entraigues et de Balzesme (3). Il a été maire de Balzesme de 1799 à 1819, date de la réunion de la Commune à celle de Baudres. Le cachet de la mairie, devenu inutile, est resté en la possession de Louis-Sulpice, puis de ses descendants. Il était depuis peu maire de Baudres lorsqu'il est mort, Baudres, 26 juillet 1821.

Il avait épousé successivement :

1° *Sophie*-Marie Ansiau, nièce de l'abbé Aubin, chanoine de Saint-Sylvain de Levroux, contrat à Levroux le 8 juillet 1789, en présence notamment du marquis et du comte de Lon-

(1) Démembrement de la seigneurie de Villeneuve.
(2) LA ROQUE ET BARTHÉLEMY, fasc. cité, p. 14.
(3) *Bibl. de Blois*, procès-verbal manuscrit cité.

gaunay, seigneurs de Levroux. Elle est morte, Balzesme, le 17 brumaire an VII (1798).

2° Le 20 octobre 1800(1), une cousine de sa mère, Louise-Émilie Lejay de Bellefonds, fille de Jean II Lejay(2) de Bellefonds, écuyer, seigneur du dit lieu, et de Marguerite de Matheron de Lestang(3). Elle est morte sans enfants, à Chambon, le 21 novembre 1847.

Il eut de son premier mariage(4) :

21) 1° Justine-Sophie, baptisée à Balzesme le 13 septembre 1790.

21) 2° Sulpice-*Marc*, dont l'article suit.

XXI

MARC DE MAZIÈRES, né à Balzesme, le 28 germinal an III (18 avril 1795), marié à Valençay, le 27 janvier 1819, à Philippine Clérault(5), de Veuil. Il est décédé le 3 novembre 1856 à Vierzon, il avait été père de :

22) 1° Louise-Philippine-Clémentine, née à Balzesme le 11 octobre 1819, morte enfant.

22) 2° Louis-*Charles*-Valère, dont l'article suit.

22) 3° Honorine-Valérie,, née à Balzesme le 7 juin 1824, morte enfant.

22) 4° *Constant*-Sulpice, dont l'article suit celui de son frère.

22) 5° *Ferdinand*-Alexandre, né à Saint-Lactencin le 18 mai 1829, capitaine au 66° régiment d'infanterie, chevalier de la Légion-d'honneur, blessé par un obus à la cuisse droite, le 18 août 1870, à la bataille de Saint-Privat (défense des lignes d'Amauvilliers), transporté à l'hôpital de Metz, et de là

(1) SAINT-ALLAIS, *Nobil. Univ.*, VII, 528.

(2) V. *suprà*, p. 41, note 4.

(3) Berri : *D'azur à trois voiles de vaisseau, enflées d'or.*

(4) En outre des enfants ci-dessus il eut de Catherine Maud'huy une fille bâtarde, nommée Marguerite, et baptisée à Balzesme le 5 février 1785. Elle mourut, à Grandmont (Baudres), le 10 mars 1806, mariée depuis peu à son cousin maternel Sylvain Maud'huy, et sans enfants (déclarants Sylvain Maud'huy, grand-père, et François de Laigue).

(5) Famille du Cotentin passée en Berri en 1775.

ramené à Valençay où il est mort, célibataire, des suites de ses blessures, le 21 avril 1873.

22) 6° *Frédéric*-Louis, né et décédé à Châteauroux (13 juillet 1831, 12 juillet 1847).

22) 7° Henry-Alphonse-*Alfred*, né le 7 février 1834 à Châteauroux, il fit campagne en Algérie et en Crimée, et fut tué à 21 ans, le 8 septembre 1855, à l'assaut de la Tour Malakoff.

XXII (A)

CHARLES DE MAZIÈRES, né le 20 août 1821 à Vic-sur-Nahon, ingénieur, construisit le chemin de fer d'Orléans à Vierzon (1842-49) et celui d'Alger à Oran (1849-60). Il mourut célibataire à Valençay, le 3 janvier 1861. A sa mort son frère devint le chef de la branche de Chambon.

XXII (B)

CONSTANT Ier DE MAZIÈRES, né à Baudres le 6 novembre 1826, chevalier de la Légion d'honneur, ingénieur, collabora à la construction de chemins de fer en Espagne et en Crimée, puis continua les travaux du chemin de fer d'Alger à Oran, il épousa le 14 août 1859, à Valençay, Marie-*Charlotte*-Zoé-Valentine Pourcher (1), qui mourut à Alger le 11 décembre 1879.

De cette union sont nés :

23) 1° *Charles*-Émile, né à Mélitopol (Russie Méridionale), en 1860, et décédé à Alger le 12 mars 1875.

23) 2° *Constant*-Anatole-Octave, dont l'article suit.

23) 3° *Ferdinand*-Léonce, né le 13 décembre 1865 à Alger, marié le 25 mars 1899, à Saint-Eugène, à Jeanne Duvigneau dont il a :

24) *Odette*, née à Saint-Eugène le 5 juin 1900.

23) 4° *Auguste*-Edmond, né le 20 mai 1869 à Alger, marié le 19 juin 1895 à Mustapha, à Marguerite Cherfils, dont il a :

(1) Bourgogne et Berri : *D'or à trois hures de sanglier de gueules, défendues et oreillées d'argent.* Parmi les dernières alliances de cette famille citons Calménil et Béthune-Sully-Chabris.

24) 1° *Roger*-Marc, né le 6 janvier 1897 à Mustapha.

24) 2° *Marcelle*-Jeanne, née le 3 août 1898 à Mustapha.

23) 5° A *Maurice*-Charles, né le 28 août 1875 à Saint-Eugène, marié à Suzanne Campredon, le 15 avril 1901, à Mustapha.

23) 5° B *Marc*-Alfred, né le 28 août 1875 à Saint-Eugène.

XXIII

CONSTANT II DE MAZIÈRES, né le 5 octobre 1862 à Alger, officier du Medjidjié, construisit le réseau de l'Ouest-Algérien (notamment dans les gorges de la Chiffa), marié à Smyrne (Asie-Mineure), le 28 janvier 1899, à Jeanne Clission. Père de :

24) 1° *Charlotte*-Marie-Yolande, née à Smyrne le 6 décembre 1899.

§ 6. — *Branche des Varennes.*

CLAUDE Ier DE MAZIÈRES, écuyer, seigneur des Varennes, baptisé à Balzesme le 5 octobre 1760, fils de Louis IV de Mazières, seigneur de Chambon et du Buisson ; son parrain fut son frère Louis et sa marraine sa sœur Anne-Marguerite ; il fut maire de Baudres de 1821 à 1831. Il épousa à Balzesme, le 13 août 1792, Catherine de Bridiers(1), fille de feu François de Bridiers, de la branche de Béthenet, la dite Catherine étant alors pensionnaire au couvent de Jarsay et procédente sous l'autorité de son tuteur, l'abbé Claude des Sonnes, aumônier du dit couvent ; il la laissa veuve le 22 août 1838, en mourant aux Petites-Varennes (commune de Baudres).

Ils eurent comme enfants :

(1) Ancienne famille de Berri, portant *d'or à la bande de gueules*, mais de l'estoc des d'Albret, remontant à Jean d'Albret qui, en épousant Marie de Bridiers, au XIVe siècle, releva par contrat les noms et armes des vicomtes de Bridiers (V. *Bibl. nat.*) cabinet d'Hozier, 66, doss. Bridiers, f° 5 v°, et *Vaudouan*, par le vicomte de Poli, P. 1865, p. 52). Les descendants de Catherine de Bridiers ci-dessus, ayant du sang d'Albret, sont apparentés aux maisons de Bourbon (France, Espagne, Naples et Parme), de Médicis, de Savoie-Italie, de Lorraine, Stuart, de Belgique, de Saxe-Cobourg, de Portugal, de Danemark et de Bulgarie. Albret portait *de gueules plein.*

21) 1º *Claude*, qui suit.

21) 2º Marie-*Sulpice*, né à Langé le 17 janvier 1796.

21) 3º *Étienne-Jules*, dont l'article suit celui de son frère.

21) 4º *Gilles*-Sulpice, né à Langé le 14 vendémiaire an VII, décédé au même lieu le 6 brumaire an VIII.

21) 5º *Catherine*-Émilie, née à Langé le 28 brumaire an X.

21) 6º *Sylvain*, né et décédé à Balzesme (14 vendémiaire-3 brumaire an XIII).

21) 7º *Marie*, née à Balzesme le 20 brumaire an XIV.

XXI (A)

CLAUDE II DE MAZIÈRES, né à Entraigues, commune de Langé, le 6 frimaire an III (1794), il ne se maria que le 22 octobre 1834, à Baudres, à Catherine Couton, et mourut sans postérité, au château de Chambon, commune de Baudres, le 23 avril 1839. A partir de cette date Chambon n'est plus nommé château; c'est peu après qu'ont dû avoir lieu les premières démolitions.

XXI (B)

ÉTIENNE DE MAZIÈRES, né à Entraigues, près Langé, le 16 pluviôse an VI, épousa le 13 mars 1816, à Ménétréols-sous-le-Landais, *Adélaïde*-Catherine Vivier de La Perrocherie (1), sœur de Louise Vivier de la Perrocherie, femme de son cousin germain Louis VI de Mazières (les deux mariages eurent lieu le même jour).

Il fut père de :

22) 1º *Adélaïde*-Eulalie, née à Ménétréols-sous-le-Landais, le 10 avril 1817, mariée à Louis-Pierre Jugé, à Gehée, le 28 mai 1838.

22) 2º *Louise*, née à Ménétréols-sous-le-Landais, le 28 mars 1819, mariée à Gehée, à Louis-Charles Taureau du Tillou (2), le 28 mai 1838.

22) 3º *Hortense*-Clarisse, née le 30 janvier 1822, mariée à

---

(1) V. plus haut, p. 46, note 1.

(2) *Saumurois : D'azur au taureau d'or, la tête contournée, accompagné en chef de trois étoiles de même.*

Gehée, à Georges-Louis Charbonnier (1), le 6 septembre 1842.

22) 4° *Paul*-Jules, dont l'article suit.

XXII

PAUL DE MAZIÈRES, né à Gehée le 3 février 1825, il épousa à Châteauroux le 26 septembre 1854, sa cousine Héloïse de Mazières (2), fille de Louis VI de Mazières et de Louise Vivier de la Perrocherie; il est mort à Gehée, le 11 novembre 1880.

Il n'eut qu'un fils unique.

23) *Alfred*-Paul, dont l'article suit.

XXIII

ALFRED Ier DE MAZIÈRES, né à Gehée le 17 juillet 1856, décédé au même lieu le 30 avril 1887. Il avait épousé à Gehée, le 18 juin 1879, Marie Rimbert dont :

24) 1° *Marie-Louise*, née à Gehée le 6 juillet 1880.

24) 2° *Alfred,* dont l'article suit.

XXIV

ALFRED II DE MAZIÈRES, né à Gehée le 7 octobre 1886.

§ 7. — *Noms isolés. Autres membres de la famille de Mazières.*

GUY DE MAZIÈRES, damoiseau, seigneur de Berneuil en Marche, était de passage à Saint-Martin de Limoges le 29 mars 1396 (3). Nous ne savons exactement comment le rattacher à la filiation ci-dessus, mais la fréquence du prénom de Guy dans les premières générations, la présence de Pierre de Mazières à la tête de l'abbaye de Saint-Martin de Limoges

(1) Berri : *D'azur à une fasce d'argent, chargée de trois charbons ardents de gueules, et accompagnée de trois têtes de cicognes arrachées d'or.*

(2) V. plus haut, p. 47, note 1.

(3) *Bibl. Nat.*, Mss, Gaignières 183, cit., f° 325 (extraits des archives de l'abbaye de Saint-Martin de Limoges).

quelque temps auparavant, l'éloignement de toute autre famille du même nom, nous le font placer ici.

AGNÈS DE MAZIÈRES (1), citée en 1397 et 1405, mariée en 1397 à Jean de Rosiers, damoiseau, d'une ancienne famille de la Marche (2). Elle était vraisemblablement fille unique du Guy cité ci-dessus, et ses descendants durent porter cumulativement pendant un certain temps les noms de Rosiers et de Mazières. En effet nous trouvons (3), (vers 1440) Junien de Rosiers, *alias de Mazeriis*, mari d'Anne *Faulcone*. Junien eut un fils, Jean, écuyer, seigneur de La Bachellerie, cité en 1473 (4).

ANNE DE MAZIÈRES, femme de Philippe de La Cour (5), écuyer, seigneur de la Bretaudière (fils de Charles de La Cour, écuyer, seigneur de la Bretaudière, et de Louise de La Chastre), elle en eut un fils, Jean de La Cour, baptisé le 21 février 1668 à Jeu-les-Bois, parrain messire Jean de Laigue, écuyer, seigneur de Bellevue, marraine Louise de La Chastre, grand'mère, fille de Jean de La Chastre, écuyer, seigneur du Plaix. Elle était proche parente de Gaspard de Mazières, écuyer, seigneur de Chambon, des Bordes et autres lieux, puisque nous savons que la terre des Bordes, de la maison de Mazières, était passée en 1675 (6) dans la maison de La Cour, mais nous ne connaissons pas le degré exact de parenté.

JEAN-LOUIS-PHILIPPE-MARIE DE MAZIÈRES, écuyer, seigneur de La Blinière, ancien officier à la Guadeloupe, décédé à Vatan, âgé de 28 ans, le 19 août 1784, enterré le 20, paroisse de Saint-Christophe de Vatan, le curé de Saint-Florentin officiant. Il était marié à Marie-Rosalie du Montier d'Herblay (7).

---

(1) NADAUD, *Nobiliaire du Limousin*, tome IV, p. 111, art. Rosiers.

(2) Marche et Limousin : *D'argent aux trois roses de gueules tigées et feuillées de sinople.*

(3) et (4) NADAUD, *op. cit.*, IV, 111.

(5) Berri : *D'azur à trois tours d'or.*

(6) *Bibl. nat.*, fonds fr., ms 31791, f°s 287 et 307, et *état civil* de Jeu-les-Bois.

(7) Maine et Anjou : *D'argent au chevron de gueules, accompagné de trois croissants de même.*

CHAPITRE II

BRANCHE DE BEAUPRÉ,

SEIGNEURS DE BEAUPRÉ, DE CHANTELOUP, DE LA PICAR-
DERIE, DE LA PIGNOLIÈRE, DE LA CHAIZE, DE DURTAL,
DE LA BROSSE ET DE L'AVY, *en Berri et Berri blésois.*

SOURCES. — La généalogie qui suit a été dressée : 1° d'après
les preuves de noblesse de Claude de Mauléon, qui ont motivé
sa maintenue le 30 juillet 1669, et dont j'ai pu retrouver l'inventaire original conservé avec quelques autres à la *Bibliothèque nationale*, ms n° 32272, f°s 9 à 16 ; 2° d'après les preuves d'Alexandre, fils du précédent, pour être page du Roi
dans sa Grande Ecurie, dont l'inventaire original existe dans
le cabinet d'Hozier, tome 246, f° 2 seq., et ses preuves de
maintenue du 16 juin 1716 (inventaire in ms 32273, f° 263 seq.
et in résumé in ms 31791 f° 41) ; 3° d'après les preuves de Catherine de Mauléon pour être reçue à Saint-Cyr, juin 1702,
dont l'inventaire existe également dans le cabinet d'Hozier,
tome précité.

NOM. — Guy de Mauléon-Touffou ayant construit un des
cinq châteaux de Chauvigny, en Poitou, auquel il donna son
nom patronymique, ce nom se conserva dans sa branche, mal-
gré la cession de ce château à l'évêque de Poitiers. Le nom de
la branche de Beaupré, rameau des La Roche-Amenon, cadets
de Touffou, est écrit indifféremment Mauléon, Monléon et
Montléon, avec une certaine prédominance de cette troisième
orthographe, jusque vers 1670. A partir de cette époque l'on
ne trouve guère que Mauléon, orthographe primitive reprise
et fixée.

SEIGNEURIES. — 1° *Beaupré.* La seigneurie principale de
cette branche était le fief de Beaupré, paroisse de Martizay,
en Brenne, élection de Châteauroux, diocèse et généralité de
Bourges, fief simple mouvant de la seigneurie voisine de La
Chaize, ainsi que le prouve l'aveu et dénombrement fait le
5 janvier 1609 par Joachim II de Mauléon-Beaupré à Jacques

de la Croix, seigneur de La Chaize (Hémery, not. à Mézières-en-Brenne).

Le fief de Beaupré n'en avait pas moins une certaine importance, puisque nous voyons que Joachim Ier de Mauléon reçut à cause de sa femme, dame de Beaupré, foi et hommage de Jean de Bellefoy, demeurant aux Gibertières, paroisse de Martizay, pour ce qu'il tenait en mouvance du dit fief de Beaupré (Durand, not. à Preuilly, 27 juin 1571). Le seigneur de Beaupré avait droit de justice, nous ne savons à quel degré (1).

La famille de Maumeschin possédait Beaupré, qui passa en 1570 à la famille de Mauléon, par le mariage de Léonne de Maumeschin avec Joachim de Mauléon (2).

2° *La Pignolière*, paroisse de Faverolles, en Berri blésois, fief relevant de Saint-Aignan, appartenant à Jean de Paluau (2), 1269, et aux Le Bloy dès 1337 (3). Au XVIe siècle nous le trouvons en la possession de la maison du Mesnil, et en dernier lieu de Claude du Mesnil ; il passa à Joachim II de Mauléon, mari de Renée du Mesnil, puis à leur fille Marie-Louise, qui l'apporta en mariage à Joseph d'Auvergne, après 1669.

ARMOIRIES. — La branche de Mauléon-Baupré, comme la branche de La Roche-Amenon, dont elle est issue portait « de gueules au lion d'argent », *alias* au lion passant d'argent, Cimier : Un panache composé d'une plume rouge entre deux blanches.

SOUCHE. — Mathieu de Mauléon, seigneur de La Roche-Amenon, mari de Marguerite de Moussy, veuve avant le 3 juin 1561, eut cinq enfants, Roch, qui continua la lignée, Joachim, tige de la branche de Beaupré, deux filles restées sans alliance, et une troisième, Renée, qui épousa (4) en 1573, Pierre Vaillant (5), écuyer, seigneur d'Avignon, paroisse de Douadic, fils

(1) *Carrés d'Hozier*, 449, f° 357.
(2) Il ne reste aujourd'hui de l'ancien Beaupré qu'une tourelle englobée dans des constructions récentes (Note due, ainsi que celles sur La Chaize, La Picarderie et Durtal aujourd'hui, à l'obligeance de M. l'abbé Pacaud, curé de Martizay).
(3) et (3) *Société du Berry*, VI, 247.
(4) *Bibl. Nat.*, ms 31791, f° 109 ; ms 32273, f° 405 ; Cab. d'Hozier, 246, f° 16.
(5) Ancienne maison de Brenne : *D'argent à deux fasces de sable, au chef denché d'azur.*

de Jean, seigneur du dit lieu, et d'Antoinette de Boisbertrand.

Nom isolé. — René de Mauléon, qualifié seigneur de Beau-pré, figure en qualité d'homme d'armes dans une revue, passée à Cormery, 19 octobre 1616 (1).

I

Joachim Ier de Mauléon, écuyer, seigneur de Beaupré, de Chanteloup (2), et de la Picarderie (3), partagea les biens pater-nels avec son frère aîné Roch, seigneur de La Roche-Amenon, 10 octobre 1573 (Fainteau, not. à La Roche, ressort de Chinon). Il se maria, contrat à Mézières-en-Brenne, du 12 mai 1570 (Hémery, not.) avec *Léonne*-Antoinette de Maumeschin (4) (*alias* Montméchin), dame de Beaupré, veuve de François d'Aloigny (5), écuyer, seigneur de l'Islette. Ils eurent comme enfants :

2) 1° *Joachim*, qui suit.

2) 2° *Louis*, déjà mort en 1600.

II

Joachim II de Mauléon, écuyer, seigneur de Beaupré, épousa Renée du Mesnil (6), fille de Claude du Mesnil, écuyer, seigneur de la Pignolière, et de Jacquette Sanson du Breuil (7),

---

(1) Carré de Busserolle. *Armorial de Touraine,* Tours 1868-69, p. 641.

(2) Paroisse de Villiers en Brenne.

(3) Ne serais-ce pas un lieu, aujourd'hui sans habitation, existant paroisse de Martizay, entre Beaupré et l'Avy, et présentement dénommmé *la Picardie* ?

(4) Maine, Anjou, Berri : *De sable au chevron échiqueté d'or et de sable, accompagné de trois molettes d'or.* Variante : *le chevron échiqueté remplacé par trois chevrons d'or.*

(5) Berri, Touraine : *De gueules à trois fleurs de lis d'argent.*

(6) D'Hozier attribue comme armes à cette famille de Berri, d'après un cachet, quatre chevrons. Ce cachet doit être celui de Léonne de Maumeschin. Les du Mesnil, seigneurs de la Beaupinière, paroisse de Reboursin, portaient (*Bibl. nat.*, ms 31 791, f°s 150 et 174) : *D'azur à un lion d'or, armé et lampassé de gueules.* Il est assez curieux de remarquer que ces armoiries sont, à une très petite différence près, les mêmes que celles des Le Bloy, qui ont précédé les du Mesnil à la Pi-gnolière. (Ceux-ci seraient-ils, un rameau de ceux-là ?)

(7) Touraine : *Écartelé d'or et de gueules, à un lion écartelé de l'un en l'autre, lampassé et armé d'azur.*

le contrat, du 4 septembre 1595, fut ratifié le 11 janvier 1596),
par acte de sa mère Léonne de Maumeschin (Hérault, not. à
Mézières). Il fut père de :

3) 1° *François*, qui suit.

3) 2° *Marie*, elle était mariée à Jean de Sanglier (1), écuyer,
seigneur de la Marthe, le 20 mai 1640, lorsqu'elle transigea
avec son frère, par acte de Boutet, not. à Preuilly ; elle était
déjà morte le 28 mars 1654.

III

FRANÇOIS DE MAULÉON, écuyer, seigneur de Beaupré, de
La Pignolière, de La Chaize (2) et de Durtal (3) ; il se maria à
Jacqueline de Chasteigner (4), fille de Claude, écuyer, seigneur
de Vernelles et de l'Effougeard, et de Jeanne de Couhé (5),
contrat du 26 avril 1632 (Raboteau, not. à Preuilly).

Il fit une transaction avec le curé de Martizay, 4 février 1633,
(Villeux, not.) et une autre avec sa sœur Marie (V. plus haut).
Il était mort le 28 mars 1654, date où eut lieu l'inventaire de
ses biens meubles, par Richard, juge de la seigneurie du Vieil-
Boureau, à la requête de sa veuve et de ses enfants qui étaient (6) :

4) 1° *Claude*, qui suit.

4) 2° *Charles*, officier de marine, mort sur mer, au retour de
l'expédition d'Alger (1665).

4 3°) *Hercule*, capitaine-commandant un bataillon du régiment de Vermandois en 1681, tué peu après, commandant un
bataillon du régiment de Normandie.

4) 4° *Gabriel*, garde du corps, célibataire en 1669.

4) 5° *François*, officier de cavalerie, célibataire en 1669.

4) 6° *Marie-Louise* (7), née en 1654 au plus tard, dame de

---

(1) Poitou et Touraine : *D'or à un sanglier de sable, défendu d'argent, au chef
d'azur chargé d'un croissant d'argent entre deux étoiles d'or.*

(2) et (3) Paroisse de Martizay, anciens châteaux, le premier important, a été
démoli vers 1860, mais il reste des vestiges intéressants du second.

(4) Célèbre famille de Poitou (et Berri) : *D'or au lion léopardé de sinople.*

(5) Poitou, Touraine : *Écartelé d'or et d'azur, à quatre merlettes, de l'un en l'autre.*

(6) V. *Cab. d'Hozier*, 246, f° 16 ; N^au *d'Hozier* 245, tableau.

(7) Pour cet article, outre les sources générales. V. *Soc. des Antiquaires du
Centre*, mémoires, tome XVIII, 1891, p. 220, 219 et 222.

La Chaize et de Durtal, qui épousa, après 1669, Joseph d'Auvergne (1), seigneur de la Roberie et de la Sarazinière, paroisse de Faverolles, qui devint seigneur de la Pignolière. De cette union ne naquit qu'une fille, *Marie-Anne*, qui se maria, 30 septembre 1725, à Léonard de Boislinard (2), écuyer, seigneur de Lestang et autres lieux. Les Boislinard possédaient encore La Chaize en 1823.

IV

CLAUDE DE MAULÈON, écuyer, seigneur de Beaupré, de la Brosse (3) et de L'Avy (4), né en 1635, officier au régiment de Picardie par mandement royal du 30 avril 1656, devint lieutenant de chevau-légers dans le régiment de Coislin (plusieurs quittances et congés 1657-1662). Il déclara le 29 juin 1669 qu'il produirait ses preuves de noblesse (5), ce qu'il fit, devant l'intendant de Bourges, commissaire départi à la recherche des usurpateurs de noblesse, il fut en effet maintenu le 30 juillet 1669. Il vivait encore le 4 novembre 1704 (6).

Il avait épousé Marie-Anne Carteron (7), fille de Nicolas Carteron, avocat au Parlement de Paris, contrat reçu par Arouet (8), notaire au Châtelet de Paris, du 10 février 1682. L'un des témoins du mari fut messire de La Tour-Maubourg, commandeur de Lureuil.

Il fut père de :

5) 1° *Alexandre*, qui suit.

5) 2° et 3° Louis-René et Marc-Louis, jumeaux.

5) 4° Claude-Françoise.

5) 5° *Catherine*-Gabrielle, née le 18 février 1691 et baptisée le 22 suivant à Saint-Sulpice de Paris. Elle fit ses preuves,

---

(1) Berri : *D'argent à la fasce de gueules, chargée de trois coquilles d'argent, et accompagnée de six merlettes de sable, trois en chef et trois en pointe.*

(2) V. plus haut, p. 37, note 3.

(3) et (4) Paroisse de Martizay.

(5) V. le manuscrit de M. de Toulgoët, cité *suprà*, p. 34, note 8.

(6) *Pièces originales*, t. 1894, p. 35.

(7) Famille de robe (Ile de France) : *D'azur à trois croissants d'argent posé 2 et 1.*

(8) Père de Voltaire.

pour être reçue dans la communauté des demoiselles de Saint-Louis, à Saint-Cyr, en juin 1702.

V

ALEXANDRE DE MAULÉON, écuyer, seigneur de Beaupré, il fut baptisé le 25 novembre 1682 à Saint-Sulpice de Paris, son parrain fut Alexandre de La Rochefoucauld, abbé de Verteuil, et sa marraine Madeleine-Charlotte de Louvois, duchesse de La Roche-Guyon. Il fit ses preuves pour être page du roi dans sa grande écurie, le 9 septembre 1697, et il fut maintenu dans sa noblesse, 16 juin 1716, par Mgr Foullé, marquis de Martangis, intendant de Bourges.

Colonel d'infanterie, major dans le régiment du Roi, il épousa, 13 mai 1733 (1), Marie-Marthe de Saint-Simon de Courtaumer (2), fille de Jacques-Antoine, et de Marthe Chardon. Il est mort sans enfants, en août 1743 (3).

(1) *Mercure* de mai 1733.
(2) Normandie : *De sinople à trois lions d'argent.*
(3) *Dossiers bleus,* t. 466, f° 1.

TABLE DES MATIÈRES

Chateauroux. — Imprimerie et Stéréotypie A. MELLOTTÉE.